이제 나는 명랑하게 살기로 했다

몸은 가볍게, 마음은 즐겁게 살고 싶은
중장년을 위한 유쾌하고 건강한 삶의 지침서

# 이제 나는 명랑하게 살기로 했다

이호선 · 김사랑 지음

오아시스

프롤로그

# 신바람 나게 그리고
# 유쾌하게 나이 드는 즐거움

프리드리히 니체는 늙어 가는 것은 선택할 수 없지만, 어떻게 늙어 갈지는 선택할 수 있다고 말했습니다. 나이는 단순히 숫자를 넘어 내가 살아온 시간과 경험을 담은 삶의 즙이라는 것이지요. 젊음이 신이 주는 선물이라면 나이 듦은 내가 빚은 나의 예술이니, 나이를 먹는다는 것은 나이테처럼 삶의 흔적을 남기는 것이자 인생을 최종적으로 평가하는 과정이라고 할 수 있습니다.

흥미로운 것은 인생 평가를 두고 과거에는 "늙는 게 두렵습니다"라고 불안을 주로 말했다면, 요즘은 "멋있게 나이 드는 방법은 없는 걸까요?"라는 질문을 더 자주 한다는 것입니다. 혼자서 한 세기를 넘게 살아가야 하는 사람이라면 누구나 생각해 봄 직한 멋진 삶에 대한 갈망이지요. 자, 그러면 어떻게 해야 '견디는 삶'이 아니라 '멋진 삶'을 살 수 있을까요?

나이 듦은 단순히 늙어 가는 것을 말하는 게 아닙니다. 노화는 몸, 마음, 지능, 관계, 돈 등이 얽혀 있는 대단히 복잡한 과정입니다. 그래서 성공적인 노화에 대해 생각하는 것만으로도 늙을 지경이죠. 그러나 우리가 바라는 건강한 노화의 방향은 매우 단순합니다. 시간과 관계, 상황을 올바르게 바라보면서 건강한 삶을 위해 실천하는 것이지요. 이 두 가지는 건강한 노화의 척도이자 새로운 기회와 지혜를 얻는 과정입니다. 이 방향을 따라가면, 삶은 조금씩 아름다워질 겁니다.

행복하게 나이 들기 위한 기본 조건은 건강과 유쾌함입니다. 건강은 단순히 질병이 없는 상태가 아니라, 신체적·정신적·사회적으로 조화로운 상태를 말합니다. 요즘은 균형이 중요한 시대입니다. 몸이 아무리 건강해도 마음이 아프거나 사회적 문제가 있으면 고통스럽죠. 그러니 전반적으로 균형을 이뤄야 합니다.

건강뿐만 아니라 기쁨과 즐거움, 유쾌함 역시 삶에서 빠질 수 없는 핵심 요소가 되었습니다. 유쾌함이 중요한 이유는 삶을 긍정적으로 이해할 수 있게 도와주기 때문입니다. 나이가 들면서 신체적 변화나 제약을 겪는 것은 모두에게 다가올 일입니다. 유쾌한 사람은 이를 단순히 '쇠퇴'로 보지 않고, 새로운 도전을 위한 기회로 해석합니다. 주위를 둘러보면, 누군가는 자신이 살아 있다는 사실만으로도 너무 행복하다고 고백하고, 다른 누군가는 삶이 부질없다 말하며 자신과 타인을 향해 고함을 칩니다. 둘 중 어떤 삶이 마음에 드시나요? 아니, 어떤 삶을 선택하시겠습니까? 유쾌함과 명랑함, 긍정의 시선으로 풍요로운 삶을 사는 것은 어떤가요? 누구나 꿈꾸는 삶일 겁니다.

건강한 생활 습관과 긍정적인 마음 습관은 단순히 오래 살기 위한 것이 아니라 질 높은 삶을 위한 필수 조건입니다. 중요한 건 얼마나 오래 사느냐가 아니라 어떻게 사느냐입니다. '나'라는 인생 항아리가 보관과 숙성의 공간이 되게 할 것인지, 방치와 부패의 공간이 되게 할 것인지는 우리가 선택하는 습관에 따라 결정됩니다. 특히 중년을 넘어가면 그 선택이 더욱 중요해집니다. 건강하고 긍정적인 삶을 위한 선택은 우리에게 건강과 균형을 선사하며, 나이 드는 것을 축복으로 만들기 때문입니다.

저희는 TV 프로그램에 함께 출연하며 중장년의 삶에 대해 이야기를 나눌 기회가 많았습니다. 그 속에서 유쾌하고 명랑하게 나이 드는 일에 대해 함께 고민하며 많은 이들이 건강한 몸으로 유쾌하게 살길 바랐습니다. 이 마음을 담아 각자의 경험과 지식을 합쳐서 몸과 마음 모두 건강하게 살 수 있는 방법을 한 데 모았습니다. 이호선이 전하는 유쾌한 삶과 마음 건강에 대한 이야기와 김사랑이 전하는 아프지 않고 오래 살 수 있는 방법이 여러분의 삶에 신바람을 일으키길 바랍니다.

사람은 본래 좋은 것을 향하는 힘이 있습니다. 자신을 아름답고 훌륭하게 만들고자 하는 근원적인 에너지와 방향성이 있지요. 나이가 들며 더 좋은 선택을 할 때에야 비로소 우리가 원하는 삶을 살 수 있습니다. 자, 그러니 지금부터 좋은 습관을 만들어 봅시다. 세월의 숫자에 얽매이지 말고 매 순간을 신바람 나게 즐겨 보자고요. 생각

프롤로그

만 해도 신나지요?

　신바람은 우리 삶에 깊숙이 자리 잡은 매우 독특한 정서이자 에너지입니다. 단순히 신나는 감정을 넘어 신이 인간에게 준 기운이 활성화되면서 나타나는 특별한 상태가 바로 신바람이지요. 신바람은 사람과 사람이, 자연과 인간이, 그리고 삶과 시간이 연결되는 균형의 순간에 나타납니다. 그래서 신바람이 나면 자유로운 해방감에 쾌재를 부르게 됩니다. 춤을 추며 무아지경으로 삶의 놀이에 빠집니다. 미간이 펴지고, 몸이 가벼워지며, 삶의 음률에서 춤사위가 나오고, 덩실덩실 춤을 추며 기쁨의 탄성을 지르게 되지요.

　나이 들수록 남의 삶이 아니라 내 삶에서 신바람을 찾아야 합니다. 눈치 보지 않고 신나야 합니다. 세월을 통과하면서 알게 된 진짜 나를 만나고 살피며 자신의 존재가 얼마나 아름다운지를 확인하길 바랍니다. 바로 오늘부터 여러분의 삶에 바람이 불었으면 좋겠습니다. 균형의 바람, 건강의 바람, 기쁨의 바람, 그리고 인생의 신바람이 불었으면 좋겠습니다.

차례

**프롤로그 | 신바람 나게 그리고 유쾌하게 나이 드는 즐거움   | 004**

**1장 이제 나는 자유롭게 살기로 했다**

병원에서 먹는 비싼 밥 말고 한강에서 먹는 컵라면   | 014
건강을 위한 운동이 건강을 해할 수 있다   | 018
자기 성찰 없는 삶엔 자유로움도 없다   | 023
눈치 보지 말고 젊은이들과 어울려라   | 030
꽃무늬 망사 말고 깔끔한 면 속옷   | 037
노화의 중력이 엉덩이에 닿을 때   | 041
나만의 위로 자산을 쌓아라   | 046
지치지 않는 인간관계의 기술   | 053

**2장 이제 나는 활기차게 살기로 했다**

나이 들어 넘어지면 끝장이다   | 062
근육 부족과 비만, 환장의 컬래버레이션   | 066
나이 드니 먹는 것도 힘들다   | 070
믿던 건강 지식에 발등 찍힌다   | 073
김치는 드시면서 왜 고기는 끊으셨나요?   | 077
몸의 근육이 부족하면 마음의 근육도 무너진다   | 081
지속 가능한 단백질 식단 실천법   | 084

## 3장 이제 나는 유쾌하게 살기로 했다

긍정적인 분노는 심리적 허벅지 근육이다 ㅣ 090
그놈의 성질머리로 오해받는 당신에게 ㅣ 100
체중이 자존감의 멱살을 잡았다면 ㅣ 106
실리콘 밸리에서는 도파민 단식이 유행이다 ㅣ 114
정신 승리는 미친 짓이다 ㅣ 122
불안은 마음이 아닌 입으로 털자 ㅣ 128
질투를 태워 성공의 폭죽을 터트려라 ㅣ 135
반듯한 마음은 꼿꼿한 허리에서 시작된다 ㅣ 141

## 4장 이제 나는 신바람 나게 살기로 했다

놀 줄 아는 사람은 혼자서도 재밌다 ㅣ 150
운동과 결혼의 평행 이론 ㅣ 159
표준이라는 함정에 속지 마라 ㅣ 163
지금 당장 호흡법을 배워라 ㅣ 175
내가 정답이 아닌 세상에서 살아간다는 것 ㅣ 180
슬픔을 알아야 기쁨도 알 수 있다 ㅣ 188
막춤을 춰도 나만의 춤을 춰라 ㅣ 194

1장

# 이제 나는
# 자유롭게 살기로 했다

# 병원에서 먹는 비싼 밥 말고
# 한강에서 먹는 컵라면

사람들은 감옥을 두려워하고, 전체주의와 독재를 견제하고, 목숨을 바치며 자유를 수호하고자 합니다. 자유를 절대 포기할 수 없기 때문이지요.

많은 사람이 40대에 들어서면서 돈을 벌기 위해 일하지 않아도 되는 '경제적 자유' 상태에 관심을 갖게 됩니다. 하지만 아무리 경제적 자유를 이루었다고 하더라도 건강하지 않다면, 어느 정도의 제한 혹은 구속 상태에서 벗어날 수 없습니다. 자유로움이란 자신이 원할 때 스스로 무언가를 할 수 있는 상태인데, 일주일 내내 병원에 다녀야 한다면 인생이 자유로울 수가 없겠죠. 그러면 일종의 수감자처럼 살게 됩니다. 잠깐 운동 갔다가 돌아오고 병원 갔다가 돌아오는 거죠. 결국 정해진 공간 안에서만 사는 거예요. 그러다가 머무는 공간이 점점 좁아지면서 결국에는 침대에만 머물게 되는 겁니다.

경제적 자유 상태에 충분히 도달했지만 몸과 마음의 병으로 창살 없는 감옥살이를 하는 경우가 있습니다. 어디 재벌 회장도 소용없습니다. 국내 최고 병원 특실에 장기 입원해 계신 분들도 별수 없지요. 몸 여기저기 수액이며 각종 관을 꽂은 채 꼼짝없이 누워 지낼 수밖에요. 병실 안에서 한 끼에 수십만 원짜리 음식을 사 먹을 돈은 있겠지만 한강에서 컵라면을 사 먹을 자유는 없습니다. 물론 이것도 입으로 음식을 먹을 수 있는 건강 상태를 전제해야 가능한 일이겠지만요. 병원을 벗어나 두 발로 걸으며 주변 경치를 구경하고 햇살과 바람을 피부로 느끼는 자유로움, 즉 건강에서 오는 자유는 돈으로 살 수 없습니다.

오십이 넘으면 몸의 에너지가 확 떨어지는 것이 느껴집

니다. 냄새도 못 맡고, 이도 흔들리고, 가슴과 엉덩이 근육도 처지고, 쉽게 피로감을 느껴요. 그러다 보면 일의 능률도 떨어지고, 자연스레 자존감도 낮아집니다. 동시에 삶의 계획이 완전히 수정되죠. 몸이 망가지면 마음도 망가지면서 미래에 대한 전망도 없어집니다. 당연히 관계도 망치고요. 이처럼 몸의 중요성을 실감하는 시기가 바로 청년에서 노년으로 넘어가는 중장년기입니다.

그러니 나이가 들수록 근감소증과 우울증을 특히 조심해야 합니다. 근감소증은 근육의 양이나 근력 등이 감소하는 질환으로 근감소증에 걸리면 혼자서 일상생활을 할 수 없습니다. 취미 생활은 말할 것도 없죠. 그러다 보면 결국엔 우울증에 걸리게 됩니다. 우울증을 진단할 때 우울감을 비롯한 몇 가지 증상이 2주 이상 지속되면 우울 장애라고 합니다. 이러한 우울 장애의 또 다른 이름은 '정신 운동의 지체'입니다. 정신 운동의 지체는 쉽게 말해 움직일 수 없는 거예요. 아무것도 할 수 없을 만큼 무기력한 상태가 계속 이어지는 것인데, 그러면 삶이 즐거울 수가 없죠. 이처럼 몸과 마음은 서로 연결되어 영향을 주고받습니다. 그러니 몸과 마음의 건강을 모두 챙겨 조화로운 상태를 만들어야 해요.

흔히 나이 드신 분들이 건강을 잃으면 모든 걸 잃는다고들 말씀하시잖아요. 건강 문제를 절실한 삶의 문제로 느끼는 때가 바로 중장년기입니다. 중장년기에는 병원을 가는 횟수도 늘고, 수술이나 시술을 받는 사람도 많아집니다. 다른 사람이나 돋보기, 목발, 휠체어, 기타 보조 기구의 도움을 받기도 합니다. 갱년기가 오면 새로운 몸의 변화가 시작되기도 하죠.

결국 자유로운 중장년으로 살려면 무엇보다 건강해야 합니다. 저는 중장년이 되면 보건소나 가정의학과에 가서 '운동 처방'을 받으라고 추천합니다. 내 몸에 맞는 운동 방식과 시간 등을 파악하는 거죠. 오십 넘어서 내 맘대로 운동했다가는 오히려 몸이 망가질 수 있으니 나한테 맞는 운동이 무엇인지 알아봐야 합니다. 당연히 건강 검진도 받아야 하고요. 몸의 건강이 마음의 건강이 되고, 몸의 자유가 마음의 자유, 나아가 삶의 자유가 된다는 사실을 잊지 마세요.

## 건강을 위한 운동이 건강을 해할 수 있다

"홈트하세요?"

"네."

"홈트하다가 몸 작살납니다!"

"네?"

요즘 집에서 운동하는 분들 많으시지요? 홈트는 집에서 하는 운동, 즉 홈 트레이닝의 줄임말입니다. 유튜브가 일상화되고, IPTV가 집집마다 설치되면서 홈트 바람이 불고 있습니다. 집에서 건강을 꼬박꼬박 챙기는 것은 훌륭합니다. 잘 먹고, 잘 자고, 운동하는 것은 중요하니까요. 하지만 시간이 흐르면서 몸이 이리저리 틀어지다 보니 오히려 잘못 따라 하다가 다치는 경우가 간혹 있습니다. 그렇다면 어떻게 해야 잘 먹고, 잘 자고, 적절한 운동까지 할 수 있을까요?

운동에 앞서서 잘 먹는 것이 중요합니다. 노인성 식욕부진을 아시나요? 나이가 들면서 나타나는 현상 중 하나로 특별한 이유 없이 입맛이 떨어지고 체중이 줄어드는 현상을 말합니다. 그러다 보니 나이 든 후에 영양실조에 걸리는 분이 정말 많습니다.

예컨대 의사가 잘 먹으라고 하면 본인이 잘 먹는다고 이야기합니다. 그런데 실제로 식단을 살펴보면 밥을 물에 말아서 김치나 장아찌와 먹는 게 전부죠. 챙겨 먹는다고 해도 찌개에 밥을 말아서 먹는 정도지요. 단백질이 부족한 식단이니 영양실조에 걸리게 되는 거죠. 가장 좋은 건 아침, 점심, 저녁의 식단을 정해 놓는 거예요. 아침에는 달걀 하나와 두유를 무조건 먹는다는 식으로 말예요. 그리고 정해진 시간에 먹는 습관을 들여야 해요.

그다음에 운동을 시작하는 겁니다. 운동을 매일 의무적으로 하기 위해서는 절대로 처음부터 무리하면 안 됩니다. 그러면 할까 말까 망설이다가 결국 안 하게 되거든요. 매일 가볍게 할 수 있는 운동이라야 매일 지치지 않고 할 수 있습니다.

운동을 할 때는 내 몸에 맞는 운동 방식과 시간을 정해야 합니다. 나이가 든다는 것은 몸의 모든 것이 달라진다는 것을 뜻하기 때문입니다. 그러니 달라진 내 몸에 맞춰서 운동 방식과 시간을 정해야 합니다. 그런데 내 몸에 어떤 운동이 잘 맞을지 고민되시지요? 그럴 때는 '운동 처방'을 받으세요. 운동 처방은 내 몸에 맞는 운동이 무엇인지 확인하는 것으로 보건소, 정형외과, 재활의학과, 통증의학과 혹은 물리 치료사가 있는 병원과 가정의학과에서 받을 수 있습니다.

나이 들수록 운동 처방을 받아서 운동해야 하는 이유는 노화로 인한 신체적 변화와 관련이 깊습니다. 중년기 이후에는 신체 기능이 점차 감소합니다. 특히 근골격계와 심혈관계의 약화가 두드러지기 때문에 무리한 운동은 오히려 부상을 초래할 수 있어요. 게다가 나이가 들수록 관절과 뼈가 약해지기 때문에 잘못된 운동도 부상의 위험을 높일 수 있습니다. 전문가의 처방에 따라 적절한 강도의 운동을 선택하면 이러한 위험을 줄이면서 안전하게 신체 건강을 유지할 수 있답니다.

운동 처방을 통해 현재 상태와 질병 유무 등 개인의 특성에 적합한 운동을 파악하는 것도 중요합니다. 그래야 적절한 근력과 유연성을 유지하고, 신체 기능 저하를 늦출 수 있습니다. 각자의 신체 상태에 따라 걷기나 달리기, 수영과 같은 유산소 운동이나 스쾃, 밴드 운동, 팔 굽혀 펴기와 같은 근육 운동을 선택하면 최적의 효과를 얻을 수 있습니다.

운동은 고혈압, 당뇨병, 심혈관 질환 등 만성질환 예방과 관리에 중요한 역할을 하지만, 무리한 운동은 오히려 건강에 해로울 수 있기 때문에 개인의 건강 상태에 맞춘 나만의 운동 처방이 필요합니다. 이를 통해 적절한 강도와 빈도의 운동을 시행하면 만성질환을 효과적으로 관리할 수 있습니다. 그리고 운동은 체력뿐만 아니라 삶의 질 향상에도 긍정적인 영향을 미칩니다. 특히 규칙적인 운동은 우울증 완화, 스트레스 감소, 그리고 사회적 고립감 감소에 도움을 줍니다. 나이가 들수록 정서적 안정이 중요하니 적절한 운동 처방을 통해 몸과 마음 모두 건강한 생활을 유지하기 바랍니다.

건강 검진도 빼놓으면 안 됩니다. 건강 검진은 질병을 조기에 발견하거나 예방하는 중요한 수단입니다. 실제로 질병의 30%가량이 건강 검진을 통해 발견될 정도니까요. 암, 심혈관 질환, 당뇨병 등 주요 질병은 초기에는 증상이 거의 없거나 미미한 경우가 많습니다. 하지만 정기적인 검진을 통해 질병을 초기에 발견하면 완치 가능성을 크게 높일 수 있습니다.

특히 암과 같은 치명적인 질병도 조기 발견 시 생존율이 크게 증가합니다. 예를 들어 위암이나 대장암, 유방암 등은 조기에 발견하면 완치율이 90% 이상으로 높아집니다. 또한 정기적인 검진은 암 사망률을 30% 이상 줄일 수 있는 것으로 보고되고 있습니다. 정말 중요하겠지요? 고혈압, 당뇨병, 고지혈증 같은 만성질환 또한 검진을 통해 조기에 발견하면 적절한 관리로 합병증을 예방할 수 있습니다. 그러니 가족력이 있다면 잊지 말고 건강 검진 받으시길 바랍니다.

## 자기 성찰 없는 삶엔
## 자유로움도 없다

　나이를 먹고 부모가 되어 보니 주변에 조언을 하거나 경험에 대해 이야기할 일이 많습니다. 그럴 때면 살아온 시간이나 경험했던 것에 대해 떠올리게 되죠. 그러다 보면 후회될 때도 있고, 뿌듯할 때도 있습니다. 이때 중요한 것이 바로 '자기 성찰'입니다. 자기 성찰이란 자신을 돌아보는 것을 뜻합니다. 자기를 객관적으로 판단할 수 있는 자기 객관화 능력을 가지고 있어야 가능한 거죠. 그런데 간혹 자기 객관화 능력이 부족한 경우가 있습니다. '내 삶을 돌이켜 보니 잘한 것도 있고 잘못한 것도 있지만, 가장 중요한 건 내가 최선을 다했다는 거야' 이렇게 자기 자신을 돌아보고 객관적으로 판단해야 되는데 그게 잘 안 되는 것이죠. 자기 객관화 능력이 낮은 사람들은 자존감도 굉장히 낮습니다. 과거의 실수와 잘못, 후회에 매여 있는 거예요. 낮은 자존감과 열등감으로 인해 자기 생애를 완전히 부정적으로 평가하고, 자신을 정말 쓸모없는 사람이라고 생각하게 됩니다. 나아가 과거는 모두 형편없는 시간이었다고 판단하게 됩니다. 그러니 스스로를 얼마나 한심하게 여기며 거칠고 잔인하게 대하겠어요. 결국 자신을 사랑하지 못하는 거죠. 얼마나 비극적인 삶인가요?

한편 중장년기의 자기 성찰은 신체 능력과도 떼려야 뗄 수 없습니다. 나이가 들면서 신체 능력이 점점 떨어지는데 자기 성찰이 잘 되지 않으면 신체 능력이 떨어졌다는 것을 인지하지 못합니다. 젊었을 때는 민첩성과 균형 감각이 있었는데, 지금은 그렇지 않죠? 아마 다른 능력들도 조금씩 떨어지고 있을 겁니다. 나이가 들면 무언가 꺼내려고 높은 곳에 올라갔다가 떨어지거나 화장실에서 넘어지는 일을 자주 겪습니다. 이뿐만 아니라 눈도 침침해지고 반사 신경이 떨어집니다.

나이가 들면 몸에서 냄새가 나기도 합니다. 특히 남자들의 경우, 전립선비대증이 있으면 잔뇨가 남습니다. 그 잔뇨로 인해 몸에서 냄새가 나기도 하는데, 나이가 들어 후각이 둔해지니까 자기 몸에서 냄새가 나는지 모르는 겁니다.

자기 성찰의 지표가 자기 안에 있다고 생각할 수 있지만 그렇지 않습니다. 타인의 시선에 있습니다. 중년에는 이걸 인지하는 것이 굉장히 중요합니다. 우리는 보통 '내 몸은 내가 잘 알아', '내 인생은 내가 잘 알아', '나는 내가 잘 알아', 이렇게 생각하는데 자신을 안다는 건 착각이에요. 나는 나를 몰라요. 내가 음식을 짜게 하는지 내 몸에서 냄새가 나는지 모른다는 거죠. 이제 알 수 없는 나이가 됐습니다. 젊은 사람을 비롯해서 다른 사람들에게 많이 물어보고, 타인의 시선에서 자신을 돌아봐야 하는 나이인 거예요. 몸도 마음도 말이에요.

긍정적인 자기 성찰은 관대함을 부릅니다. 반면 부정적인 자기 성찰은 스스로에 대한 평가에서 끝나지 않고 다른 사람에 대한 평가에도 적용됩니다. 스스로 부정적인 생각을 가지면 다른 사람들이 아무리 나를 긍정적으로 평가해도 그렇게 보이지 않고, 그렇게 들리지 않습니다. 결국 자신의 성찰 능력에 따라 삶을 해석하는 틀이 달라지는 겁니다.

긍정적으로 생각하고 자신이 가진 것에 감사하는 사람은 자신뿐만 아니라 타인에게도 관대합니다. 반면 자기 자신을 사랑하지 못하는 사람은 자기 환대를 못 하니까 타인을 환대하는 것도 어려워해요. 가장 가까운 가족에게도 불만이 많고 세상에 대해서도 굉장히 부정적입니다. 이거야말로 자기 감옥 속에 갇히게 되는 것이고, 더 나아가면 관대함이 사라지죠. 이때 관대함은 다른 사람을 이해하고 배려하며, 실수를 너그럽게 용납하는 태도를 말합니다.

중년기의 관대함은 개인의 행복과 대인 관계뿐만 아니라 사회적 역할 수행에도 중요한 덕목입니다. '중년의 위기'로 불리며 자신의 삶을 재평가하고 새로운 목표를 설정해야 하는 시기에, 관대한 마음은 삶에 대한 후회나 실수를 받아들이고 미래를 긍정적으로 준비할 수 있도록 심리적 안정감을 제공합니다. 관대한 리더라면 조직 내 갈등 해결이나 후배 양성 등 사회적으로 긍정적인 영향을 미치지요.

또한 중년기는 직장과 가정에서 생애 가장 높은 지위를 갖기도 하고, 자녀 양육과 부모 봉양이라는 '샌드위치 세대'의 책임을 동시에 짊어지는 시기입니다. 관대함은 이런 상황 속에서 갈등을 줄이고, 관계를 원만하게 유지하는 중요한 요소로 작용합니다. 자녀가 성장해 독립하며 부부 관계나 친구 관계가 새로운 국면을 맞이하는 시기이기에 관대한 태도는 갈등을 줄이고 관계를 더욱 돈독히 하는 데 중요한 역할을 합니다. 제가 20년 이상 결혼 생활을 유지한 부부 40쌍을 인터뷰해 보니, 장기간 결혼 생활을 유지한 부부들이 가장 많이 사용하는 말은 "사랑해"가 아니라 "괜찮아"라는 표현이었습니다. 이는 관대함의 전형적인 표현이지요.

관대함은 스트레스를 완화시키기도 합니다. 중년기에 접어들면 신체적 노화와 사회적 역할 변화로 인해 스트레스를 받습니다. 이때 관대하게 자신과 타인의 실수를 용서하고 이해하는 태도가 스트레스를 완화시키죠. 관대함이 삶에 대한 긍정적인 태도를 유지시키고 궁극적으로 삶의 만족도를 높이는 데 기여하는 겁니다. 이처럼 중년기의 관대함은 사람들이 의미 있는 삶을 영위할 수 있도록 돕고, 나아가 자신과 타인에게 긍정적인 영향을 미칩니다.

관대함은 나의 가치를 아는 능력 그리고 타인의 가치를 읽는 능력이기도 합니다. 그래서 '내가 이런 거는 잘 못하지만, 그 대신 다른 것으로 내 삶을 좀 더 아름답게 가꿔야겠다'라고 생각할 수 있는 거죠. 예를 들어 내 안에 우묵 파인 지점이 있다면 그곳에 저수지를 만들어야겠다고 다짐한다거나, 나의 단점을 장점으로 승화해야겠다고 생각하는 거예요. 이런 능력이 바로 삶을 관조하는 능력입니다.

관대함이 자기 성찰 능력의 핵심이라는 점에서 관대함을 갖춘 사람은 자기 삶에 대해서 과거의 삶은 인정하고, 현재의 삶에 기뻐하고, 미래의 삶을 기대하는 능력을 갖추었다고 볼 수 있습니다. 자신의 삶을 객관적으로, 그리고 관대하게 바라보면서 자신을 가두었던 자책이나 후회에서 벗어나 더 나은 방향으로 나아갈 수 있는 겁니다. 그러니 우리는 자기 성찰을 바탕으로 자신과 세상을 관대하게 바라보는 능력을 길러야 합니다.

# 눈치 보지 말고
# 젊은이들과 어울려라

최근 젊은이들에게 많은 사랑을 받고 있는 철학자 쇼펜하우어의 책을 읽어 본 적 있나요? 책의 핵심 내용은 '사랑 부질없다', '사람 부질없다', '혼자 잘 살면 된다', '인간의 모든 고통은 혼자가 될 수 없다는 데서 온다', '불필요한 관계는 끊어라'와 같은 인생에 대한 조언입니다. 요즘은 이런 이야기가 많은 사람의 공감을 얻는 것 같습니다. 특히 손절에 대한 조언이 많은데 저는 사람들한테 절대 손절하지 말라고 이야기합니다. 어차피 중년 넘어가면 남은 인간관계가 한 줌이기 때문에 손절이고 뭐고 할 게 없습니다. 그럴수록 더욱 신중하게 인간관계를 만들어 가야 합니다.

쇼펜하우어는 사랑이 이성적 판단이 아니라 생물학적 본능에 좌우된다고 보고, 사랑은 결국 생식을 목적으로 하는 본능적 충동이며 조화로운 관계와는 거리가 멀다고 말합니다. 사랑이 개인의 행복을 해치는 요소로 작용한다고 본 거지요. 그래서 쇼펜하우어는 사랑이 본질적으로 고통과 불행을 초래한다고 생각하고, 이성적으로 판단했을 때 사랑을 지속하는 것이 불합리하다고 주장합니다. 불행한 관계를 지속하기보다는 독립적으로 살아가는 것이 더 낫다고 본 거죠.

이러한 쇼펜하우어의 손절 철학은 지나치게 비관적이고 21세기와는 좀처럼 맞지 않습니다. 지금은 인간관계도 복잡해지고, 자아실현이나 상호 존중도 중요해졌습니다. 행복에 대한 생각도 달라졌죠. 쇼펜하우어는 행복이 일시적 환상이며 고통과 불행이 삶의 본질이라고 보았지만, 현대 심리학이나 철학에서는 행복을 추구하는 것이 가능하다고 본답니다.

어디 그뿐입니까? 20세기만 해도 환갑잔치를 했습니다.

60세까지 사는 일이 드물었으니까요. 그런데 요즘은 환갑 잔치를 하는 사람이 드물어졌습니다. 100세 시대를 넘어 120세까지 바라보는 시대가 되었기 때문이죠. 그러니 이제는 손절이 아니라 연결의 시대를 살아야 합니다.

우리나라는 고독감이 높은 반면 사회적 연대감은 낮습니다. 이는 함께 밥 먹을 사람이 없고 이야기 나눌 사람이 없다는 뜻이기도 합니다. 고독감은 자살률과도 연관되어 있기 때문에 절대로 가볍게 생각해서는 안 됩니다. 특히 우리나라 노인 자살률을 보면 OECD 국가 중에 1등이고, OECD 국가 평균의 2배에 달합니다. 어마어마하게 높은 수치예요. 우리가 손절의 시대를 끝내고 연결의 시대를 살아야 하는 이유도 이 때문입니다. 사람은 위기의 순간에 대화할 사람, 연락할 사람 한 명만 있어도 살 수 있습니다. 이게 사회적 연대감이고 연결망이며, 이러한 의미 있는 연결을 늘려 나가는 게 초고령 사회를 맞이하는 바람직한 자세라고 생각합니다.

그렇다고 아무나 만나라는 건 아닙니다. 누구를 만나느냐도 중요합니다. 젊은 사람들과 최대한 자주, 많이 어울리세요. 일단 젊은 사람들이 많은 장소에 가세요. 젊은 사람들이 자주 가는 식당이나 카페도 좋습니다. 그러면 정신이 없고 눈이 휘둥그레질 겁니다. 새로운 시공간에 자신을 노출하는 거예요. 사람은 새로운 환경에 적응하면서 조금씩 새로운 사람이 됩니다. 이를 적응력이라고 합니다.

세상은 빠르게 변하고 있는데 또래만 만나면 옛날이야기만 하게 되고 사회적으로 소외감을 느끼게 됩니다. 사회적 존재 의미나 이유도 점점 희미해지죠. 현재 우리나라 기대 수명은 남성이 80세 이상, 여성이 86세 이상입니다. 이렇게 오래 사는데 삶의 의미와 활력을 찾지 못하면 살아도 사는 게 아닙니다. 그럴 때 과감하게 새로운 세상 속으로 들어가 보라고 권하고 싶어요. 젊은 사람들과 어울리라는 건 그런 의미입니다. 세상이 어떻게 달라지고 있는지 보고 느끼라는 거죠. 그들이 있는 공간에 들어서야 비로소 보이는 게 있을 겁니다.

세대가 다르면 살아온 환경도 다르고 생각하는 방식도 다릅니다. 그렇다 보니 젊은 세대와의 관계가 두렵기까지 하다는 분들이 꽤 계십니다. 어떻게 대해야 할지 무슨 말을 해야 할지 고민하기도 합니다. 만날 일이 많지 않으니 당연합니다. 하지만 젊은 세대는 앞으로 우리를 지탱해 줄 사람들입니다. 이들과 좋은 관계를 유지한다면 21세기 적응은 걱정 없을 겁니다.

젊은이들과 어울릴 때는 격 없이 어울리는 게 중요합니다. 지레짐작으로 '내가 말 걸면 불편해하겠지', '내가 다가가면 어려워하겠지' 하는 식으로 벽을 쌓을 필요가 없습니다. 어차피 젊은이들은 우리를 전혀 신경 쓰지 않습니다. 이들은 자기 자신에 대한 관심이 큽니다. 여러분이 옆을 지나가건, 곁에 앉건 진혀 상관하지 않는다는 겁니다. 다만 몇 가지는 조심하셔야 합니다.

첫째, 침범은 금물입니다. 어느 관계나 서로의 영역을 침범하는 것은 굉장히 조심스러운 일이죠. 만나기 전에는 반드시 약속을 해야 합니다. 아무 때나 만나자고 하거나 시간을 마구잡이로 바꾼다면 누구나 불편함을 느낍니다. 게다가 나이가 어린 MZ 세대는 우리 세대의 침범에 부담을 느낄 수도 있습니다. 그러니 상대방의 영역을 존중하는 습관을 들여야 합니다.

둘째, '라떼는'도 금물입니다. MZ 세대는 우리에게 조언을 듣고 싶어 하는데, 이 조언을 전할 때는 신중해야 한다는 겁니다. 지나치게 부정적인 피드백 대신 건설적인 조언을 해 주는 것이 좋습니다. 사람들은 분야에 대한 전문성 혹은 명성을 지니거나, 해당 분야에서 우수한 결과를 낸 사람의 피드백을 기꺼이 수긍하고 수용합니다. 그래서 경험이 많은 이에게 조언을 얻고자 하는 것이죠. 하지만 일방적으로 내 이야기, 내 경험만 말하는 것은 피해야 합니다. 그 대신 상대방에게 실질적으로 도움을 줄 수 있는 건설적인 조언을 전하는 것이죠.

셋째, 전화 대신 SNS나 메신저 앱을 많이 활용하세요. 최근 젊은 세대는 '텔레포비아'라는 말이 생겨날 정도로 전화하는 것을 극도로 어려워합니다. 만나거나 전화로 얘기해야 직성이 풀리는 20세기 우리 세대의 전화 제안을 부담스러워할 겁니다. 그러니 전화 대신 문자, SNS, 메신저를 통해 대화를 나누는 것을 추천드립니다. 전화든 문자든 대면이든 반말은 절대 안 되고요.

이 정도만 지켜도 젊은 세대가 관계 셔터를 내리는 일은 없습니다. 한 가지 더 알아 두면 좋은 것이 우리는 성장할 때 국민의 4대 의무인 국방의 의무, 납세의 의무, 교육의 의무, 근로의 의무와 같이 책임과 의무를 배우고 자랐지만, 이들은 권리 교육을 받고 성장한 세대라는 것을 기억하세요. 이들은 권리를 침해당하거나 시간을 투자한 만큼 보상을 받지 못하면 불공정하다고 봅니다. 그러니 일방적 지시나 불분명한 보상은 삼가야 합니다.

꼭 일대일로 만나지 않아도 됩니다. 젊은이들이 많이 있는 곳에 가서 그들이 어떤 것에 열광하고 어떻게 반응하는지 세대의 정서를 보는 것도 좋아요. 이 세대는 댓글로 정서를 공유하는 세대라 다른 사람의 감정과 반응, 즉 감정 유행에 더 민감합니다. 그러니 집단의 감정을 읽어보면, 개인에게도 더 쉽게 다가갈 수 있을 겁니다.

# 꽃무늬 망사 말고
# 깔끔한 면 속옷

대담함과 뻔뻔함은 한 끗 차이지만 둘 다 부끄러움에 맞서는 강력한 무기입니다. 나이가 들고 보니 할아버지나 할머니가 왜 아무 데나 앉는지 알 것 같습니다. 체면이고 뭐고 다리 아프고 힘드니까 그냥 앉게 되는 거예요. 앉을 때나 설 때나 끙끙 소리가 나기도 하고요.

아시다시피 나이가 들면 얼굴이 두꺼워집니다. 살면서 부끄러운 경험을 숱하게 겪으면서 일종의 '뻔뻔 내성'이 생긴 거죠. 그래서 웬만한 일에는 별로 창피해하지 않습니다. 나이 드는 것의 강점 중 하나지요. 그리고 나이 들면서 사람들이 나한테 별로 관심이 없다는 것을 알게 됩니다. 그러다 보니 젊을 때보다 다른 사람의 시선으로부터 자유로워지더라고요.

이런 여유를 갖게 된 건, 나이가 들수록 다양한 경험을 통해 자신을 이해하게 되기 때문이죠. '뭣이 중헌디'에 대한 답을 갖게 되는 겁니다. 자신에게 중요한 것이 무엇인지 명확하게 알게 되고 타인의 평가나 시선에 덜 의존하게 됩니다. 미국에서 25-95세 사이의 약 2,000명을 대상으로 10년간 추적 조사한 연구를 보면,[01] 사람은 나이가 들면서 자신이 진정으로 원하는 것과 그러지 않은 것을 구분하는 능력이 향상되고, 타인의 인정보다는 자신의 행복을 추구하는 경향이 강해집니다. 타인의 시선을 신경 쓰기보다는 나의 가치관과 목표에 더 집중하게 되는 거죠.

게다가 나이가 들수록 부정적인 감정이 감소하고 정서적으로 평온해지기 때문에 타인의 평가나 시선에 대한 민감도가 줄어듭니다. 젊은 시절의 우리는 얼마나 다

---

[01] Charles ST, Rush J, Piazza JR, Cerino ES, Mogle J, Almeida DM. Growing old and being old: Emotional well-being across adulthood. J Pers Soc Psychol. 2023;125(2):455-469.

른 사람의 시선을 의식했나요. '상상적 청중'이라는 개념이 있습니다. 청소년기에 나타나는 현상으로, 세상 사람들이 자신에게 집중하고 있고 자신이 관심의 대상이 되고 있다고 생각하는 과장된 자의식이죠. 다른 사람의 시선을 느끼며 살면 타인에게 어떻게 보일지에 대한 불안감이나 스트레스가 많습니다. 그러나 시간이 지나면서 그러한 불안은 점차 줄어들고, 자신만의 기준으로 삶을 살아가는 데 집중하게 됩니다. 이를 바탕으로 타인의 평가에 흔들리지 않는 심리적 안정감을 갖게 되고, 나아가 더 자유로운 삶을 살게 되는 거죠. 이렇게 형성된 흔들리지 않는 마음은 나이가 준 선물인 듯합니다.

나이가 들면서 자존감이 높아지기도 한다는 것을 알고 계셨나요? 자존감이 높은 사람은 자신의 가치를 스스로 인정하고 외부의 평가에 덜 의존합니다. 중년기에 '뻔뻔 내성'이 생기면서 자신이 중요하게 생각하는 것에 우선순위를 두고 외부의 평가를 상대적으로 덜 중요하게 여기는 것이죠. 때문에 타인보다 자신의 내면에 집중하고 자신의 성취와 가치를 인정하는 경향이 강해집니다.

무엇보다 지금까지 인생을 살아온 사람들은 모두가

'생존자'입니다. 다양한 어려움과 실패를 극복한 경험이 쌓인 살아 있는 역사 문서인 거지요. 누적된 극복 경험은 어려운 상황에서도 흔들리지 않는 회복력을 키워 주며, 작은 일에 크게 상처받거나 좌절하지 않게 합니다. 산전수전, 공중전을 거친 우리는 인생 특공대가 된 겁니다. 타인의 부정적인 평가나 비판에도 쉽게 동요하지 않고 자신의 길을 걸어갈 수 있는 힘을 얻은 것이죠. 막춤을 추더라도 내 춤을 추게 되는 거예요. 남이 뭐라고 하든 내 인생을 살겠다는 마음으로 남에게 피해를 주지 않는 선에서 내가 살고 싶은 대로 산다면 그게 자유입니다.

나이가 들면 속옷도 점점 편안한 사이즈와 형태를 찾게 되죠. 꽃무늬 망사보다는 깔끔한 면 속옷이 좋아지는 것은 소박하고도 위생적이며 단정한 그리고 실용적인 선택이 최고였다는 생애 경험의 열매일 겁니다. 멋스러움을 버리는 게 아니라 멋이 나면서도 편안한 것을 추구하게 됩니다. 젊을 땐 몰랐는데 나이 드니까 편안한 게 가장 좋습니다. 여러분도 편안한 것들을 찾아 자신만의 인생을 만들어 보기 바랍니다.

# 노화의 중력이
# 엉덩이에 닿을 때

중력을 거스르자는 문구를 사용하는 광고들을 보면 대부분 리프팅 관련 화장품, 미용 기기, 피부과 혹은 성형외과 광고입니다. 처진 턱살을 당기기 위해 실을 넣거나 리프팅 레이저를 하기도 하고, 처진 눈꺼풀 때문에 쌍꺼풀 수술을 하기도 하고, 두피에서 피부를 당겨서 꿰매기도 합니다. 굉장히 다양하죠? 이처럼 주변을 둘러보면 노화의 중력을 거스르기 위한 시도가 꽤나 활발하게 일어나고 있습니다.

연예인들은 피부 처짐 방지를 위해 관리 차원에서 리

프팅 레이저를 1년에 한두 번씩 정기적으로 받는다고 합니다. 물론 저 역시 40대를 맞이하며 리프팅 레이저를 한 번 받아 본 적 있습니다. 제 돈 주고 한 것은 아니고 피부과에서 일하는 친구가 새로 출시되는 레이저 기계의 시범 사용을 한번 받아 보겠냐고 해서 공짜로 예뻐질 생각에 바로 "오케이!" 했지요. 이외에는 시술이나 수술을 시도해 보지 않았습니다. 아직까지는 선크림 잘 바르고, 물 많이 마시고, 잠을 충분히 자는 것으로 피부가 받는 중력을 버텨 보려 합니다. 물론 시간이 흐른 뒤에 '한 살이라도 어릴 때 레이저를 정기적으로 받았어야 했는데…' 후회하며 뒤늦게 레이저와 시술의 세계에 빠질지도 모르겠지만 말입니다.

피부의 중력을 거스르는 문제보다 제가 더 관심 있는 것은 근육을 키우는 일입니다. 바닥에 5kg짜리 상자가 있다면 이 상자를 일정한 속도로, 수직으로 들기 위해 힘이 얼마큼 필요할까요?

$$F(힘) = m(물건의\ 질량) \times g(중력\ 가속도)$$

갑자기 물리 수업 시간에 배웠던 공식이 나와서 당황하셨죠? 난생처음 들어 보는 공식이어도 상관없습니다. 제가 말하고 싶은 것은 우리가 무언가를 들기 위해서는 '중력을 거스르는 힘'이 필요하다는 사실입니다. 중력은 간단히 말하면 지구가 당기는 힘이고, 물건이나 나의 팔다리와 같은 무언가를 들어 올리기 위해서는 중력에 대항하는 힘이 필요합니다. 따라서 우리가 세수하고, 양치하고, 음식을 떠먹기 위해 팔을 들어 움직이고, 일어서고, 걷는 모든 행위를 위해서는 중력에 대항하는 힘이 필요합니다. 그리고 그것은 결국 근육의 힘인 근력으로 연결됩니다.

나이가 들고 난 뒤 중력에 대항할 만한 근력이 부족해서 내 몸을 내 뜻대로 움직이지 못하는 분이 너무나 많습니다. 근력이 부족하면 내 몸을 움직여 씻고, 먹고, 걷는 생활의 모든 부분에서 어려움을 겪게 되니 독립적인 생활이 어려워지는 것도 당연하지요.

저 역시도 분리수거를 하기 위해 베란다 가득 쌓인 상자들을 낑낑대며 옮기다 보면 '혹시라도 나이 먹어서 힘이 약해지면 분리수거며, 생수병 옮기기, 장보기 같은 힘쓰는 일은 어떻게 하지?' 하는 두려움이 밀려옵니다. 두려운 미래를 대비할 수 있는 방법은 '근육 저축'밖에 없습니다. 노화의 중력을 벗어날 수 있는 포인트이지요.

노화의 중력이란 중력에 의해서 피부, 가슴, 엉덩이가 처지는 것입니다. 근육이 없으면 중력에 의해 피부든 가슴이든 엉덩이든 처질 수밖에 없습니다. 나이 들수록 몸의 콜라겐이나 수분이 부족해지고, 나아가 근육까지 없어지면 노화의 중력에 빠져들 수밖에 없는 거죠.

최근 평균 수명이 늘어났습니다. 예전에는 60대, 70대가 되면 늙어 보이는 게 당연했습니다. 그런데 우리는 그보다 더 오래 살아야 하니까 피부나 가슴이나 엉덩이를 조금 더 사용해야 하는 거죠. 그러니 어느 정도 관리도 하고 근력도 키워야 합니다. 그런 면에서 여러 보조 기구를 쓰는 것도 적극적으로 권하고 싶습니다. 눈이 안 보이면 안경을 쓰고 귀가 안 들리면 보청기를 쓰잖아요. 치아가 빠지면 임플란트를 하고요. 건강하게 오래 살기 위해서는 기꺼이 그리고 지속적으로 자기 건강과 관리에 투자해야 합니다.

노화의 중력을 거스르는 가장 좋은 방법은 웃는 것입니다. 우리가 웃을 때 입꼬리를 올리면 광대가 올라가면서 젊어 보이거든요. 어떻게 보면 치열하고 고통스러운 일상 속에서 미소를 짓는다는 것은 삶이 주는 고통을 역전시키는 방법일 수 있습니다. 사람이 억지로라도 웃으면 세로토닌과 도파민 같은 호르몬이 분비되거든요. 그리고 내가 웃으면 그 모습을 보고 상대방도 함께 웃는 전염 효과도 일어납니다. 이처럼 나의 웃음은 나도 살리고 다른 사람도 살리고 사회성도 향상시키는 아주 중요한 요소라고 할 수 있습니다. 어쩌면 우리는 이미 노화의 중력에 역행하는 것들을 일상에서 자연스럽게 하고 있는지도 모릅니다.

## 나만의 위로
## 자산을 쌓아라

어린 시절 아버지가 왜 그리 자주 산에 가시는지 이해가 가지 않았습니다. 주말이면 나랑 좀 놀아 주지, 괜히 아버지가 밉곤 했는데 지금 생각해 보면 아버지는 산이 아니라 마음에 오르셨던 것 같습니다. 저도 아버지 유전자를 물려받아서인지 주말이면 무작정 밖으로 나갑니다. 나이가 들수록 도시보다 산과 바다가 좋아지더라고요. 정 안 되면 동네 산책이라도 합니다. 저만 다니는 게 아니라 모든 강연 현장에서 매일 어디든 가라고 말합니다. 옆 동네 횡단보도나 이웃 동네 세 번째 전봇대와 같이 목표를 정하고 무조건 다녀오라고 하지요. 결국 움직이라는 이야기입니다. 가장 좋은 건 같이 하는 거예요. 등산 동호회든 여행 동호회든 함께 하는 사람이 있으면 좋습니다. 만약 사회적 관계망이 없다면 혼자서도 매일 꾸준히 할 수 있는 활동 루틴을 만들어야 합니다.

꼭 산이나 바다가 아니더라도 내가 자유를 느낄 수 있는 공간이 있으면 좋습니다. 예컨대 우리 동네에서 자유를 느낄 수 있는 공간을 찾는 거예요. 작은 카페라든지 도서관도 좋습니다. 자신만의 위로 장소, 일종의 '심리적 소도'를 만드는 거죠. 소도는 삼한 시대에 기원한 것으로 어떤 죄를 저지른 죄인일지라도 이곳에 들어가면 잡아들일 수 없는 공간을 말합니다. 부끄러운 순간, 힘든 순간, 죄책감을 느끼는 순간 등 모든 순간에 나를 위로해 줄 자유로운 공간 하나가 있어야 해요. 그런 장소가 있으면 힘들 때 그 장소만 떠올려도 위로가 됩니다. 이 과정에서 심리적 근육이 만들어진답니다.

위로 음식이나 위로 노래를 찾는 것도 좋습니다. 예컨대 평소에 스트레스가 쌓이거나 힘들 때마다 집에서 도

보로 15분 정도 거리에 있는 카페에 가서 와플을 먹는다고 칩시다. 그게 일종의 위로 음식인 거예요. 그리고 오가는 동안 위로 노래를 들어도 좋아요. 들으면 힘이 나거나 위로가 되는 노래가 하나쯤 있으면 좋습니다. 나에게 위로가 되는 장소, 음식, 노래가 결국엔 자산이 됩니다.

위로 장소는 주변 사람들에게 절대 알리면 안 됩니다. 위로 장소에서는 누군가에게 방해받지 않고 오롯이 혼자 있을 수 있어야 해요. 내가 원하지 않을 때 누군가 나를 찾아올 수 있는 곳은 위로 장소가 될 수 없습니다. 나만 아는 장소, 내가 모르는 사람만 있는 장소는 위로 장소가 될 수 있지만 내 가족이 알고 있는 장소는 위로 장소가 될 수 없어요.

그리고 '나는 이런 상황에서 이렇게 행동하기로 했어', '나는 이런 상황에서 이렇게 말하기로 했어', '나는 이런 상황에서 이렇게 느끼기로 했어'와 같이 나만의 대처 방법이 있으면 좋습니다. 고민할 게 없죠. 여러분도 가장 취약한 상황에 대한 행동, 말, 감정 같은 것들을 꼭 하나씩은 마련해 두라고 말씀드리고 싶어요. 나아가 두세 개 정도 가지고 있으면 모든 순간에 마음 해방을 맞게 될 겁니다.

그런데 사람마다 문제 상황이 생겼을 때 대처하는 방법의 개수가 달라요. 누군가는 문제 상황에 대해 하나의 대처 방법만 가지고 있는 반면 누군가는 여러 개의 대처 방법을 가지고 있는 경우가 있지요? 심리학에서는 문제 상황에서 '이것 말고는 답이 없다'라고 생각하는 사람을 두고 '인지적 경직성'이 있다고 말합니다. 반면 문제를 직면했을 때 '이런 답도, 이런 가능성도, 이런 대안도 있을 수 있어'라고 생각하는 사람은 '인지적 유연성'이 있다고 말합니다. 나이를 먹는 것은 인지적 유연성을 늘려 가는 과정이라고 보면 되는 거죠.

인지적 유연성을 늘리는 것은 문제 상황에 대한 나만의 대처 방법을 여러 가지 만들고 관대함을 확보하는 과정입니다. 사람들은 문제가 생기면 흔들리기 마련입니다. 사람들이 문제 상황에서 자꾸만 넘어지고 흔들리는 이유는 나만의 정답이 없기 때문입니다. 하지만 인지적 유연성, 즉 나만의 정답이 있으면 덜 흔들릴 수 있습니다.

취약한 상황에 대한 말, 행동, 감정을 마련해 두어도

인생은 변수의 연속이고, 우리는 그 속에서 늘 불안합니다. 불안할 때는 나가세요. 집에서 나가야 합니다. 하루에 한 번씩은 꼭 나가는 것을 추천하지만, 어렵다면 적어도 일주일에 한 번은 무조건 나만을 위한 외출을 하세요. 물론 다녀오는 동안 운동도 되겠습니다만, 매일 오가는 길의 변화도 살펴보세요. 내가 매일 다니는 이 길은 단 하루도 같았던 적이 없습니다. 매 순간, 매일 변하고 있습니다. 계절이 변하고 사람이 바뀌고 간판과 광고도 달라지지요. 크고 작은 변화를 읽으며 내가 어느 계절을 살고 있는지, 어떤 사람들과 이느 사회 속에 살고 있는지 눈여겨보기 바랍니다. 관찰력을 기르자는 겁니다.

여기서 말하는 관찰은 보는 것만을 말하는 게 아닙니다. 변화를 읽는 힘을 말합니다. 세상과 일상의 작은 변화를 알아채는 사람은 내게 중요한 사람의 변화도 알아챕니다. 헤어스타일, 옷, 표정, 안색, 말투 등 사람들은 매일 조금씩 달라지죠. 그러나 변화의 노력을 발견하는 사람은 거의 없습니다. 애쓰고 노력하며 누군가 발견해 주기를 바라는 마음이 무색해지죠. 그 노력을 읽어 주는 힘이 바로 관찰력에서 비롯됩니다. 매일 나가면서 관찰력을 키우고, 집에 들어와서는 그 관찰의 시선으로 가족을 읽어 주세요. 내 가족 역시 누군가 자신을 읽어 주고 발견하기를 기다리고 있답니다.

일주일에 한 번은 꼭 서점이나 도서관에 가세요. 세상은 점점 더 빠르게 변하고 있습니다. 따라잡을 수 없이 빠르게 변하는 세상을 못 본 체한들 소용없습니다. 손에 들고 있는 스마트폰과 햄버거 가게 키오스크부터 시작해 수많은 기기들이 달라지고 있어요. 이런 것들이 빠르게 변하는 세상을 보여 주죠. 앞으로 세상은 더 빠르게 변화하고 우리는 점점 더 적응하기 어려워질 겁니다. 그럼 마음이 어두워지고, 마음 그림자가 신체를 파고들지요.

그러니 세상에 빠르게 적응하고 어떤 시점에도 움츠러들지 않는 마음이 필요해요. 이런 마음을 위해서 독서를 권합니다. 완독이나 숙독을 하지 않아도 괜찮습니다. 매주 요일과 시간을 정해 놓고 마치 학원가듯이 빠짐없이 서점이나 도서관에 가세요. 가서 아무 책이나 고르셔도 됩니다. 베스트셀러건 아니건, 아는 책이건 모르는 책이건, 상관없습니다. 장르도 시, 소설, 자기계발, 인문 등 무관합니다. 아무 책이나 골라 열 페이지만 읽으세요. 그리고 단어 하나 혹은 문장 하나를 외워 오세요. 암기한 것을 생각하며 한 주를 보내고, 다음 주가 되면 같은 시간에 다시 서점이나 도서관에 가는 겁니다. 또 다른 책을 선택해 단어와 문장을 외우세요. 이렇게 일주일이 이 주일이 되고, 이 주일은 곧 한 달이 되고, 여섯 달, 일 년이 지나고 나면 여러분은 말할 수 없는 심리적 포만감을 갖게 될 거예요. 꽉 찬 마음과 높은 자존감, 더 넓어진 마음과 관대함을 갖추게 되는 것이지요.

정신 건강은 신체 건강과 연결되어 있습니다. 마음이 약해지는 시기에는 몸을 움직여야 합니다. 매일 나가고, 일주일에 한 번씩 서점이나 도서관에 가기 바랍니다. 그럼 우리는 관대하고 현명하며 사람의 마음까지 읽어 내는 사람이 될 겁니다.

## 지치지 않는 인간관계의 기술

"걔 나오면 난 그 모임 안 나간다."

요즘은 손절의 시대라고 하지요. 인간관계는 피곤하고 사람들은 무심하니, 배신감이나 극심한 피로를 느낀 나머지 생긴 생존 전략인 듯합니다. 유튜브에도 '이런 사람 끊어라', '저런 사람 거리 둬라'라고 말하는 영상이 많습니다. 그런 영상의 댓글도 '관계 필요 없다', '혼자가 편하다'라는 말이 많지요.

사실 대부분의 사람은 다른 사람과 붙어 있으면 진물이 납니다. 본래 인간관계가 그렇습니다. 아무리 좋은 사람이라도 너무 오랫동안 가까이 붙어 있으면 힘듭니다. 부부도 너무 오래 붙어 있으면 서로 할 얘기도 없을 뿐더러 상대방과 싸울 일만 생깁니다. 그런데 중년이 지난 부부들은 아이들도 독립해서 나가고 둘 다 퇴직하고 나면 종일 집에 같이 있는 경우가 많잖아요. 저는 그런 부부들에게 할 일이 없어도 무조건 세 시간씩 나갔다 오라고 합니다. 그게 신체적, 심리적으로도 환기가 되고, 나갔다 들어오면 어찌 됐든 내가 보고 들은 것들이 있기 때문에 함께 나눌 대화 주제도 생깁니다.

살다 보면 수많은 관계를 맺고, 그 속에서 가까워지기도 하고 멀어지기도 하죠. 사람들과 긍정적인 관계를 오래 유지하기 위해서는 거리를 조절하는 것이 중요합니다. 건강한 관계를 위해서는 나를 힘들게 하는 사람과 물리적 거리를 두는 게 맞아요. 게다가 상호 관계가 안 좋은 경우, '이 사람 생각은 하지 말아야지'라고 생각하면 그 사람 생각만 나요. 그럴 때는 물리적으로 거리를 두고 잠시 멀어지는 것도 좋아요. 부부간의 거리도 그렇지만, 인간관계에서 건강한 거리는 매우 중요합니다. 시댁, 친정, 친구 간에도 적절한 거리가 없어지는 순간부터 관계가 피곤해지거든요.

 서로에게 비밀이 없는 가족이 좋은 가족일까요? 오히려 무서운 가족입니다. 밀착된 관계에서는 개인의 독립성과 자율성이 침해될 수 있기 때문입니다. 상대방이 지나치게 가까이 다가오거나 통제하려 할 때, 사람은 심리적으로 압박감을 느낍니다. 남이든 가족이든 너무 가까워지면 나의 생각이나 감정을 자유롭게 표현하지 못하게 되기 쉽죠. 그러면 당연히 심리적 피로감이 커지면서 혼자만의 시간에 대한 욕구가 커질 수밖에 없습니다.

 게다가 관계가 너무 가까우면 상대방의 감정이나 요구에 지나치게 신경 쓰게 되죠. 이는 상대가 기대하는 바를 충족시키기 위해 애쓰거나 상대의 감정 상태에 기민하게 반응해야 한다고 느낄 때, 정서적인 부담으로 작용합니다. 특히 상대방이 자신의 감정을 계속해서 표출하며 의지하거나 기대할 때, 이를 감당하는 사람은 심리적으로 지치게 됩니다.

 친밀한 관계에는 오히려 장기적인 갈등이 많습니다. 가까운 관계일수록 서로의 단점이 두드러지게 나타나고 작은 문제도 크게 느껴질 수 있습니다. 이때 갈등을 해결하지 못하거나 갈등이 반복되면 긴장감이 지속됩니다. 하지만 친밀한 사이라 생각하다 보니, 갈등을 피하기 위해 자신의 감정을 억누르고 참게 되면서 스트레스가 가중되는 거죠.

여러분도 친밀한 관계에서 의무감과 책임감을 한 번쯤은 느껴 보셨을 겁니다. 밀착된 관계에서는 상대에게 지나치게 의존하거나 책임을 떠넘기는 경우가 있습니다. 예를 들어 가족이나 연인 사이에서 어느 한쪽이 상대의 모든 문제를 해결해야 한다는 책임감을 느끼면 부담이 엄청납니다. 거기에 내 시간은 도무지 가질 수가 없는 데다가 기대가 크면 실망도 커지기 때문에 정서적으로 빠르게 소진됩니다. 장기적으로는 관계 자체에 대한 피로감을 느끼게 되죠.

그래서 가족 간에는 너무 가까워져서 서로에게 부담을 주거나, 반대로 너무 멀어져서 소통이 단절되는 상황을 피하는 것이 핵심입니다. '국이 식지 않을 정도의 거리'란 말이 있어요. 표현도 참 대단하죠? 이 말은 서로가 너무 멀리 떨어져 있지 않으면서도 각자의 공간과 독립성을 존중하며 적당한 거리를 유지한다는 뜻입니다. 지나치게 달라붙어 있으면 갈등을 초래할 수 있고, 반대로 지나치게 거리를 두면 정서적 유대감이 약해질 수 있죠. 그러니 가족 간에도 서로의 생각과 감정을 존중하고 배려하는 것이 중요합니다. 특히 부모가 자녀를 과도하게 통제하거나 자녀가 부모에게 지나치게 의존하기보다는, 서로의 독립성을 인정하고 존중하는 것이 필요합니다. 마치 국이 식지 않을 정도로 가까이 있지만 서로의 공간을 침해하지 않는 거리감을 유지하라는 겁니다.

밀착된 부분이 많아지면 도무지 숨을 쉴 수 없고, 산소 공급이 안 되면 여기저기 진물이 나는 게 아니겠어요? 그래서 거리를 두는 건 관계에 산소를 제공하는 과정이고, 이를 위해서는 서로 물리적으로 떨어져 있는 순간이 있어야 합니다. 자식도 마찬가지로 가끔 안 보는 순간이 있어야 더 돈독해져요.

거리를 벌리는 것만큼이나 가까이 다가가는 것도 중요합니다. '수면 이혼'이라는 말을 들어 보셨나요? 나이 들면서 각방 쓰는 분이 많잖아요. 서로 잠버릇도 다르고 수면 패턴도 다르니 양질의 수면을 위해서 각방을 쓰는 거죠. 각방을 쓰거나 침대를 따로 쓰는 것도 일종의 자유입니다. 건강과 생존을 위한 것도 있지만, 이 역시 적절한 거리를 유지하기 위한 방법이겠죠. 저는 하루 한 끼, 밥은 꼭 같이 먹으라고 이야기해요. 관계가 틀어진 경우에 밥을 같이 먹지 않는 부부는 관계를 회복하기 힘듭니다. 보통 웬만한 일에서 해결 지점을 찾으니 관계가 멀어지는 경우가 거의 없는데, 같이 밥을 안 먹기 시작하면 완전히 다른 관계가 되더라고요.

식사는 가족 구성원이 서로에게 관심을 갖고 있다는 사실을 확인하게 하는 동시에 정서적으로 안정된 환경을 조성합니다. 특히 우리나라에서 밥을 같이 먹는다는 것이 얼마나 중요합니까? 식구食口잖아요. 한 연구에 따르면, 식사 중 나누는 대화는 가족 구성원이 서로를 더 잘 이해하고 지지할 수 있는 기회를 제공한다고 합니다. 특히 어린 자녀들에게 중요한 의사소통의 장이 되어 부모와의 관계에서 안정감을 느끼게 해 줍니다. 이때 느끼는 정서적 안정감은 몹시 중요합니다. 바쁜 일상 속에서 가족이 한자리에서 식사를 하며 서로의 안부를 묻고 감정을 나누는 시간은 스트레스를 해소하고 심리적 지지를 받을 수 있는 중요한 순간이거든요. 한마디로 내게 익숙한 밥맛, 물맛, 반찬 맛, 식탁의 자리를 통해 심리적 안정을 제공받는다는 것이지요.

그러니 조금 바쁘더라도 시간을 내어서 가족끼리 밥 한 끼 정도는 함께 먹는 것을 추천합니다. 물리적인 거리는 멀어졌어도 심리적인 거리는 가깝게 유지하는 겁니다. 하루 한 끼 밥을 함께 먹는 것이 어렵다면 잠들기 전이나 하루를 시작할 때 함께 차를 마시거나 이야기를 나누는 시간을 가졌으면 좋겠습니다. 그렇게 매일 함께하는 시간을 가지면 조금 더 돈독하고 화목한 가정 환경을 꾸려 나갈 수 있을 겁니다.

2장

# 이제 나는
# 활기차게 살기로 했다

## 나이 들어 넘어지면 끝장이다

평소에 잔소리를 하는 것도 듣는 것도 좋아하지 않지만 주변에 항상 하는 잔소리가 있습니다. 바로 '넘어지지 않게 조심하라'입니다. 일상생활 속에서 넘어지지 않게 조심해야 하는 상황은 의외로 많이 발생합니다. 눈이나 비가 오는 날이 아닐지라도 말입니다. 신호등이 깜빡이는데 젊었을 적 생각하고 뛰어서 건너려다가 다치기도 하고, 높은 곳에 있는 물건을 꺼내기 위해 의자를 밟고 올라갔다가 뒤로 넘어져서 뇌진탕, 뇌출혈이 발생하기도 합니다. 그래서 높은 곳에 무언가를 수납하지 말라고 말합니다. 이외에도 누워 있거나 앉아 있다가 벌떡 일어나서 움직일 때 기립성저혈압으로 인해 넘어지기도 합니다. 환자들의 낙상 중 많은 경우가 밤에 자다 일어나서 화장실에 갈 때 발생합니다. 그러니 갑자기 움직이는 것이 아니라 서서히 움직이는 습관이 필요합니다.

잔소리가 길죠? 잔소리라고 흘려들으면 안 됩니다. 나이 들어 넘어지면 어릴 때처럼 창피하고 무릎 까지는 것으로 끝나지 않습니다. 뼈가 부러져서 몇 달 동안 깁스하고 고생하는 것으로 끝나면 그나마 다행입니다. 골반이나 골반과 무릎 사이의 넙다리뼈가 골절될 수도 있고, 넘어지면서 머리를 다치면 의식을 잃거나 뇌출혈이 발생할 수 있습니다. 나이 든 분이 혼자 살다가 화장실에서 넘어져서 한참 뒤에 발견되는 일은 꽤 흔한 사건입니다.

나이를 먹을수록 넘어질 위험이 커지는 것은 당연합니다. 균형 감각과 순발력도 떨어지고, 우리 몸을 지지하고 움직이게 하는 근육이 약해지다 보니 잘 넘어지고 넘어질 때 크게 다칩니다. 그래서 나이 들수록 근육이 중요해집니다. 앞서 언급했던 근감소증 기억하시나요? 근육량이 감소하고 근력과 근기능이 떨어지면 근감소증이라고 진단합니다. 근감소증이 있으면 신체 활동 능력이 떨어질 수밖에 없어요. 그러면 전반적인 삶의 질이 떨어질 뿐 아니라 우울증, 낙상에 의한 골절 등의 위험성이 높아지고 사망률까지 증가하게 되죠.

'나이 들어 넘어지면 끝장이다'라는 말이 괜히 있는 게 아닙니다. 실제로 65세 이상의 연령층을 대상으로 한 연구 결과, 근감소증이 있는 사람이 다른 사람들에 비해 낙상과 골절의 위험이 높은 것으로 나타났습니다. 게다가 뼈와 근육이 약한 사람이 넘어지거나 미끄러져서 골절되어 움직이지 못하게 되면, 근육이 빠지고 뼈가 약해지는 악순환에 빠지게 됩니다. 결국 사망률을 높이는 원인이 되죠.

근감소증은 치매와도 연관이 있습니다. 치매의 발병 요인에는 여러 가지가 있는데, 사회적 고립과 고독 역시 인지 능력을 저하시키고 치매 발병 위험성을 높이는 요인으로 논의되고 있습니다. 근감소증으로 인해 외출과 사교적 모임 참여가 어려워지면 사회적 관계가 단절되고, 우울증을 비롯한 사회적 고립감과 고독감이 생기면서 인지 능력 저하 및 치매 발병에도 영향을 주는 것으로 판단됩니다.

그만큼 나이 들면 근육이 중요하다는 이야기겠지요. 그뿐만이 아닙니다. 암 환자의 경우에 근감소증이 동반되면 사망률이 높아지게 됩니다. 또한 근감소증이 있는 경우에 폐암, 대장암, 유방암, 두경부암, 췌장암, 위암, 식도암, 난소암, 간암 등 다양한 암의 발생 위험성이 높아지는 것으로 나타났습니다. 그러니 여러모로 근육을 챙겨야 합니다.

# 근육 부족과 비만,
# 환장의 컬래버레이션

다이어트에 대해 고민해 본 적 있나요? 많은 사람이 다이어트를 위해 약을 먹기도 하고 병원을 찾기도 합니다. 다이어트를 하는 사람들은 사는 지역, 성별, 연령, 비만 정도도 다양하고, 당뇨병과 고혈압부터 암 환자까지 기저 질환도 다양합니다. 요즘에는 70대에 다이어트를 시작하는 분도 있습니다.

70대에 다이어트를 한다고 하니 놀라셨나요? 그렇게 나이 들어서 무슨 다이어트냐 하실 수도 있지만, 날씬한 외모를 위한 다이어트가 아닙니다. 건강한 삶을 위한 다이어트입니다. 몸이 무거울 때, 특히 팔다리는 가는데 배나 상체에 살이 많은 경우에는 무릎에 부하가 걸리며 심한 무릎 통증을 겪습니다. 심지어 무릎 수술을 했는데도 걷기 어려워 정형외과에서 살을 빼야 한다는 조언을 들은 70대 환자분도 있습니다. 게다가 당뇨병, 고혈압 관리를 위해 다이어트 중인 60대도 매우 많습니다.

과체중이나 비만인 분들이 무릎이 아파서 병원에 가면 의사들이 체중 감량하라고 조언하는 것은 다들 아시죠? 앞서 말했듯이 무릎이나 허리가 안 좋은데 체중이 많이 나가게 되면 그만큼 몸에 부하가 걸리기 때문입니다. 쉽게 말해 체중은 많이 나가는데 뼈와 관절을 지지할 근육은 부족한 상태인 겁니다. 문제는 비만과 근육 부족이 악순환한다는 것입니다. 비만의 경우 신체 활동량이 줄어들고, 인슐린에 대한 저항성이 생기면서 근육이 약해지게 됩니다. 이때 내장 지방이 가득한 뱃살을 '염증 공장'이라고 부릅니다. 지방 세포 및 지방 조직에서 분비되는 염증 유발 물질들이 근육의 분해를 촉진시키기 때문이죠. 그래서 나이가 들면 건강을 위해 다이어트를 시작하는 경우가 많습니다.

다이어트 환자 중 어려운 케이스는 단순히 살만 찐 게 아니라 심한 근육 부족이 동반된 '근감소성 비만'에 걸린 경우입니다. 체중 감량과 동시에 근육을 키우는 일은 단백질을 챙겨 먹되 그 양이 과해서는 안 되며, 유산소 운동과 근력 운동을 적절한 비율로 해야 하는 신중한 작업입니다.

근감소성 비만은 왜 걸리는 걸까요? 이는 몸의 노화와 연관 지어 생각해 볼 수 있습니다. 우리 몸은 나이 들수록 근육은 약해지고 지방은 쉽게 쌓이는 몸으로 변합니다. 실제로 우리 몸의 지방량은 60~75세에 정점을 찍는 반면, 근육량과 근력은 30세 이후 꾸준히 감소하기 시작해서 60세 이후에는 더 빠르게 감소합니다. 나이 들수록 지방을 줄이고 근육을 늘리는 것이 점점 어려워지는 겁니다. 이제 근육이 얼마나 중요한지 감이 오시지요?

나이 든 비만 환자 중 많은 분이 지방은 많고 근육은 부족한 근감소성 비만 양상을 보입니다. 그런데 무작정 굶는 다이어트를 하면 어떻게 될까요? 적절한 운동과 균형 잡힌 영양 섭취 없이 이루어지는 다이어트는 근육과 뼈 건강에 악영향을 미치기 때문에 근감소증이 심해지고 신체적으로 취약해지는 부정적인 결과를 가져옵니다. 무릎에 가해지는 부하를 줄이고 고혈압 같은 대사성 질환을 조절하기 위해 체중 감량이 필요하다면, 급격한 체중 감소보다는 근육 손실과 같은 부작용을 최소화하면서 건강하게 체중을 감량해야 합니다. 이를 위해서는 운동과 균형 잡힌 식단이 무엇보다 중요하죠. 한마디로 나이 들면 굶어서 빼는 다이어트는 하면 안 된다는 뜻입니다. 젊은 사람도 무작정 굶어서 살을 빼는 다이어트를 하면 근육이 줄고 기초 대사량이 낮아집니다. 결국 다시 체중이 느는 '요요 현상'이 발생하고, 조금만 먹어도 살찌는 체질로 변하게 됩니다.

그러니 나이 들수록 더욱 철저하게 관리해야 합니다. 더 이상 미루면 안 됩니다. 지금부터라도 식단과 운동을 병행하며 근육은 키우고 지방은 줄이는 다이어트에 돌입하세요. 더 건강하고 자유로운 노년을 위해 매일 조금씩 투자하세요.

# 나이 드니 먹는 것도 힘들다

살을 빼기 위해서가 아니라 살을 찌우기 위해 다이어트 병원에 다니는 환자도 있습니다. 그게 무슨 소리인가 하는 분들도 계실 테지만 다이어트는 살을 빼기 위해서만 하는 것이 아닙니다.

'다이어트'의 사전적 정의는 '식사, 식습관'입니다. 나의 건강과 컨디션을 유지하는 데에 가장 좋은 체중과 체성분 상태를 만들기 위해 식단 관리와 운동을 비롯한 생활 습관 전반을 개선하는 것이 다이어트입니다. 따라서 너무 말라서 건강이 좋지 않은 분이 체중을 늘리기 위해 하는 식단 관리와 운동도 다이어트입니다.

실제로 많은 분들이 '나이 들수록 소화가 잘 안 된다, 식욕이 없다, 고기가 싫다, 치아가 좋지 않아 먹기가 힘들다, 잠을 잘 못 잔다, 잠을 못 자니 더 입맛이 없다'와 같은 매우 다양한 이유로 식욕 부진을 겪습니다. 그러면서 살과 근육도 빠지고, 영양 상태가 좋지 않으니 건강에도 문제가 생깁니다. 입맛 없다고 끼니를 거르거나 균형 잡힌 식사를 차려 먹지 않고 대충 밥을 물에 말아서 김치와 먹는 습관을 갖게 되면 탄수화물 섭취가 늘어서 혈당이 높아지는 반면 단백질은 부족해서 근육은 더 빠지게 됩니다.

많이 먹어서 살이 찐 것도 문제지만 제대로 챙겨 먹지 않아서 마른 것도 문제입니다. 나이가 들면 식욕과 소화 능력이 떨어져서 먹는 양이 줄어들게 되죠. 치아에 문제가 생기면서 먹고 싶어도 잘 먹지 못하는 경우도 많습니다. 몸에 근육과 지방은 하나도 남지 않고 피부 가죽만 남은 나이 든 분을 길에서 흔히 볼 수 있는데, 이러한 경우 영양 섭취 문제 중에서도 단백질 섭취 문제가 가장 심각합니다. 단백질이 부족하면 병원 입원 기간이 늘어나고, 사망률이 높아집니다. 근감소증은 물론이고 면역력이 떨어지면서 바이러스에 감염되거나 궤양, 빈혈, 낙상, 골다공증, 인지 기능 저하 같은 심각한 문제를 겪습니다.

실제로 우리나라 사람들의 식단에서 탄수화물이 차지하는 비율이 상당히 높습니다. 특히 노년층은 탄수화물 섭취량은 많은데 단백질 섭취량은 적습니다. 따라서 나이가 들면 당연히 잘 챙겨 먹어야 하지만, 무엇보다 단백질을 의식적으로 챙겨 먹어야 합니다. 근육 합성 및 손실 방지를 위해서는 끼니마다 25~30g 정도의 단백질 섭취를 권장합니다. 하지만 사람마다 체중이 다르니 하루에 체중 1kg당 1g의 단백질을 섭취한다고 생각하면 쉽습니다. 여기에 근력 운동과 같은 신체 활동량이 많은 경우에는 체중 1kg당 1.5g의 단백질 섭취를 권장합니다. 다만 신장 기능이 떨어지거나 당뇨병 등으로 인한 신장 질환을 앓고 있는 경우에는 검사를 통해 단백질 섭취량을 확인할 것을 권합니다.

# 믿던 건강 지식에
# 발등 찍힌다

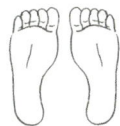

 먹는 것만큼 건강과 직결되는 문제가 없습니다. 그런데 사람들의 식단을 살펴보면 영양 성분이 한쪽으로 편향된 경우가 많습니다. 밥, 빵, 국수, 떡 같은 탄수화물을 과하게 먹는 탄수화물파, 삼겹살, 치킨, 돈가스, 제육볶음 같은 기름진 음식을 즐겨 먹는 자극파, 육류와 동물성 식품만 먹는 카니보어, 지방 섭취량을 높이는 케톤 식단, 단백질 셰이크나 닭 가슴살 같은 단백질에 완전히 꽂히는 단백질파가 있습니다.

 하지만 아무리 좋은 것도 과하면 탈이 납니다. 영양의

기본 원칙은 '적당히, 골고루'입니다. 살아 보니 식단뿐 아니라 인생의 많은 부분에서 '적당히, 골고루'가 참 중요하더라고요. 저도 지금보다 어렸을 때는 좋은 것, 싫은 것이 분명하고 공부, 연애, 운동 등 뭐든 하나에 꽂히면 거기에만 집중하는 사람이었습니다. 그런데 나이를 먹을수록 인생이 수학처럼 정답이 있는 것도 아니고 남들한테 좋은 것이 나한테 좋은 것만도 아니더라고요.

한국인이 탄수화물을 과다 섭취하고 있는 것은 사실이죠. 하지만 탄수화물은 적게 먹고 지방은 많이 먹는 저탄고지 다이어트처럼 극단적인 다이어트를 진행하거나 탄수화물을 끊는 것도 중장년에게는 신체적으로 부담이 됩니다.

탄수화물이라고 무조건 나쁜 것은 아닙니다. 탄수화물은 뇌 활동을 비롯해 우리 몸에 꼭 필요한 에너지원입니다. 단지 적정량을 넘어 과도하게 섭취하니 문제가 되는 것뿐이지요. 과도한 탄수화물 섭취는 잉여 칼로리가 되어 우리 몸에 지방으로 저장됩니다. 그리고 지방은 혈당을 높이고 염증을 유발합니다. 그러니 적정량 섭취하는 것이 중요합니다. 또한 탄수화물에는 좋은 탄수화물과 나쁜 탄수화물이 있습니다. 통곡물이나 채소 등에 포함된 건강에 좋은 식이 섬유소도 탄수화물이고 아이스크림, 음료수, 빵, 과자, 탕후루 같은 음식에 포함된 건강에 나쁜 정제 탄수화물도 탄수화물입니다. 그러니 문제는 어떤 탄수화물을 섭취하느냐에 있습니다.

지방도 마찬가지입니다. 좋은 지방을 적당히 섭취하면 건강에 이롭지만, 나쁜 지방을 너무 많이 섭취하면 문제가 됩니다. 그러면 어떤 것이 좋은 지방이고, 어떤 것이 나쁜 지방일까요? 식물성 지방은 건강에 좋고 동물성 지방은 건강에 나쁠까요? 불포화 지방산은 좋은 지방이고 포화 지방산은 나쁜 지방일까요? 꼭 그렇지만은 않습니다. 식물성 지방으로 만든 마가린보다 동물성 지방으로 만든 버터가 건강에 더 좋은 지방으로 알려진 것처럼 말이죠. 그 이유는 마가린이 버터보다 트랜스 지방의 함량이 더 높기 때문입니다.

불포화 지방산에 속하는 트랜스 지방은 세계보건기구 WHO에서 하루 전체 에너지 섭취량의 1% 미만으로 섭취하도록 권고하고 있습니다. 안 먹을 수 있다면 아예 안 먹는 게 좋다는 뜻이죠. 특히 튀긴 음식은 기름을 가열하는 시간과 온도가 증가하면 트랜스 지방의 함량도 증가하기 때문에 가급적 피하는 게 좋습니다.

그렇다면 몸에 좋은 불포화 지방산이라 불리는 오메가-3와 오메가-6는 어떨까요? 좋다고 해서 무조건 먹어서는 안 되고 섭취 비율을 고려해야 합니다. 오메가-3와 오메가-6의 적정 섭취 비율은 1:4 정도로 오메가-6 섭취량이 오메가-3 섭취량의 4배를 넘지 않도록 해야 합니다. 그런데 실제로 한국인의 식단에는 오메가-6 함유량이 훨씬 높습니다. 결론적으로 몸에 좋다고 알려진 지방이라고 해서 다른 영양소와의 균형 잡힌 비율 및 적정량을 고려하지 않고 마구잡이로 먹게 되면 오히려 건강에 해가 될 수 있어요.

## 김치는 드시면서
## 왜 고기는 끊으셨나요?

"김치나 청국장 같은 발효 식품은 몸에 좋은 거 아니었어요?"

저도 한국인이기에 한국인의 자랑인 김치가 건강에 좋은 음식만은 아니라고 답변해야 하는 상황이 매번 곤란하게 느껴집니다. 참고로 저희 집에는 김치 냉장고가 없습니다. 양가에서 김장철에 맛이나 보라고 한 번씩 보내주실 때를 제외하고는 집에 김치 있는 날이 거의 없습니다. 이 얘기를 하면 많이들 놀라시더군요. 사실에 기반한 정확한 정보를 드리자면 김치의 건강 기여도에 대해 후한

점수를 주기는 어렵습니다. 김치의 종류가 매우 다양하긴 하지만 일반적으로 많이 먹는 배추 김치는 나트륨 함량도 높고 밥, 탄수화물 섭취량을 늘립니다. 김치를 활용한 각종 국, 찌개가 나트륨 함량이 높을 뿐만 아니라 탄수화물 섭취량을 늘리는 주범임은 말할 것도 없지요. 거기다 우리나라 사람들이 샐러드나 담백한 음식 섭취에 익숙하지 않은 데도 김치가 크게 한몫한다고 생각합니다.

김치와는 반대로 건강에 해롭다는 오해를 받는 음식도 있습니다. 바로 고기입니다. 물론 과도한 육류 섭취는 건강에 해롭지만 적당량을 건강한 방식으로 조리한 고기는 단백질의 공급원이자 포만감을 주어 과도한 탄수화물 섭취를 막아 줍니다. 야채를 찔 때 샤부샤부용 고기와 두부를 함께 넣고 익혀 먹는 것은 개인적으로도 자주 해 먹는 음식이자 주변 사람들에게도 자주 추천하는 음식입니다.

중장년기를 지나면 암을 진단받는 분이 서서히 늘어납니다. 암 진단을 받으면 환자와 보호자 들은 가장 먼저 식단에 대한 고민이 깊어지죠. 인터넷에 검증되지 않은 암 환자 식단 자료들이 난무하기도 하고, 유튜브에는 '암 환자가 절대 먹으면 안 되는 음식', '암 환자가 이거 먹으면 암이 전이되고 재발된다' 같은 자극적인 문구가 가득합니다. 이렇다 보니 암을 진단받고 고기를 끊었다는 분이 많습니다. 특히 위암이나 대장암 같은 소화기 암을 진단받은 환자들이 그렇습니다. 위암 발병률을 높인다고 알려진 김치, 젓갈 같은 음식과 국, 찌개는 다 드시면서 건강을 위해 고기를 끊고 채식을 한다는 분들이 얼마나 많은지 상상도 못 하실 겁니다.

그런데 위암 환자의 경우 위 절제 수술 등 치료 과정을 거치며 많은 분이 체중 감소와 영양 부족 문제를 겪습니다. 영양 섭취는 건강에 중요한 요소입니다. 영양 상태가 좋은 위암 환자는 생존율이 높게 나타나지만 영양 부족 문제를 보인 위암 환자는 사망률이 몇 배나 높게 나타납니다. 특히 위암 환자가 고기를 완전히 끊게 되면 단백질 섭취량이 줄어들면서 체중 및 근육 감소, 철 결핍 빈혈 같은 문제가 발생합니다. 여기에 근감소증까지 동반하면 환자의 신체 활동 능력 및 삶의 질이 떨어지는 것은 물론이고 사망률도 증가한다는 연구 결과는 차고 넘칩니다. 때문에 암 환자에게 영양 섭취는 굉장히 중요합니다.

암 환자들은 수술과 항암 치료를 하면서 잘 먹지 못해 체중이 빠지고 병이 악화되는 경우가 많습니다. 그래서 암 환자에게는 먹고 싶은 게 있으면 무엇이든 잘 먹으라고 권합니다. 항암이나 방사선 같은 힘든 치료를 받다 보면 식욕이 떨어집니다. 또한 음식 냄새만 맡아도 메슥거리고 물만 마셔도 토하는 부작용을 겪는 경우가 허다합니다. 그런 환자에게 일반인도 먹기 힘든 야채 주스, 거칠고 소화가 어려운 잡곡밥 같은 음식만 강요하면 어떻게 될까요? 불가능에 가까운 일입니다.

이처럼 사실과 다르게 알려진 건강 정보들이 많습니다. 그러니 현재의 건강 습관을 찬찬히 돌아보고 점검하는 것을 추천합니다. 건강에 좋다기에 일부러 행하던 것이 사실은 내 건강을 해치고 있지는 않은지, 건강에 부정적인 영향을 미친다고 해서 피하던 것이 오히려 건강을 유지하는 데에 필요하지는 않은지 점검해 보시기 바랍니다.

## 몸의 근육이 부족하면
## 마음의 근육도 무너진다

 중장년기에는 신체 건강뿐만 아니라 정신 건강도 중요합니다. 저는 우울증과 불안으로 힘겨웠던 시절이 있었습니다. 당시에는 지금처럼 '공황장애', '번아웃 증후군' 같은 개념이 널리 알려지지 않았던 때라 우울증과 불안으로 달라진 제 자신이 부끄럽고 실망스러웠습니다.
 '마음의 병이 먼저였는지, 몸의 병이 먼저였는지'는 '닭이 먼저냐, 달걀이 먼저냐' 같은 문제입니다. 저 역시 무엇이 먼저였는지는 모르겠지만 그 시절 마음의 병과 함께 몸의 병도 저를 괴롭혔습니다. 종일 구역감과 어지럼증이

지속되고, 원인 모를 피부병에 시달렸습니다. 호르몬제를 사용했음에도 하혈이 지속되었고, 걷기 힘들 정도로 허리 통증이 심했지만 MRI를 찍어도 특별한 이상이 없다고 했습니다. 그렇게 원인 모를 통증이 전신으로 퍼져 나갔습니다. 지금은 누구보다 몸도, 마음도 건강한 상태지만 우울증이나 불안이 언제 또 찾아올지 모르기에 평생 관리한다는 마음으로 살고 있습니다. 어떤 관리냐고요? 바로 몸의 근육과 마음의 근육을 키우는 것입니다.

 단백질이 신체뿐 아니라 정신 건강과도 관련이 깊다는 사실을 알고 계신가요? 우울증 같은 정신 질환은 세로토닌, 도파민 같은 뇌 신경 전달 물질이 불균형해서 발생한다고 보는 의견이 많습니다. 이때 세로토닌, 도파민 같은 뇌 신경 전달 물질을 합성하는 주재료가 단백질을 구성하는 아미노산입니다. 실제로 식단에서 단백질의 비중을 늘렸을 때 우울증 위험이 감소했다는 연구도 존재합니다.
 또한 나이가 들면서 근육량이 줄고 근력과 근기능이 떨어지는 근감소증에 걸릴 경우, 우울증에 걸릴 확률이 급격하게 높아집니다. 생각해 보면 당연한 일입니다. 근감소증이 있으면 스스로 씻고, 옷을 입고, 식사를 준비하고, 집안일을 하는 독립적인 일상생활이 어렵습니다. 이런 모든 일들은 근육이 받쳐 줘야 할 수 있기 때문이죠. 걷기 또한 마찬가지니 근감소증이 있으면 바깥 외출이 어려워지면서 사회적 관계도 단절됩니다. 그러니 우울해지는 것이 당연하게 느껴질 수 있습니다. 반대로 우울증이 있으면 근감소증에 걸릴 위험이 높아집니다. 이 역시 당연한 일일지도 모릅니다. 우울증이 있으면 양질의 영양 섭취가 어렵고 근력 운동을 비롯한 신체 활동 저하로 근육량이 감소하기 때문이죠.

이처럼 몸의 근육이 부족하면 마음의 근육도 무너지고, 마음의 근육이 부족하면 몸의 근육도 무너집니다. 정신과 몸은 따로 분리해서 가꿀 수 없습니다. 건강하기 위해서는 몸과 마음의 근육을 함께 키워야 합니다.

# 지속 가능한 단백질 식단 실천법

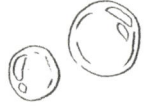

지금까지 건강한 육체와 정신을 위한 적정량의 단백질 섭취가 얼마나 중요한지 알아보았습니다. 그렇다면 이러한 지식을 식단에 적용하고 지속할 수 있는 구체적인 방법에는 어떤 것들이 있을까요?

첫째, 밥에 콩을 넣어 콩밥을 만들어 먹어 보세요. 이때 콩의 종류는 서너 가지로 다양하면 좋고, 일반 콩밥보다 콩의 양을 넉넉히 넣어 만들어 줍니다. 예를 들면 현미, 보리, 귀리, 퀴노아 등의 잡곡에 서리태 같은 검은콩, 렌틸 콩, 완두콩까지 세 가지 이상의 콩을 섞어 밥을 짓는 것이죠. 이렇게 하면 밥과 반찬으로 이루어진 한식 식단에서 탄수화물 섭취는 줄이고 단백질 섭취는 늘릴 수 있습니다. 처음에는 콩이 많이 들어간 밥을 먹는 것이 생소하게 느껴질 수 있지만, 꼭꼭 씹어 먹다 보면 고소한 콩의 맛이 느껴지면서 식물성 단백질의 왕을 끼니마다 어렵지 않게 챙겨 먹을 수 있게 될 겁니다.

둘째, 식사에서 김치와 장아찌와 젓갈은 줄이고 두부, 계란, 생선, 고기 등 단백질 반찬의 섭취 횟수와 양을 늘려 주세요. 우리나라 사람들, 특히 노년층의 탄수화물 섭취 비중을 높이는 원인 중 하나가 각종 김치, 장아찌, 국과 찌개 반찬으로 이루어진 식단 구성입니다. 소금, 간장과 같이 음식의 간을 맞추는 염장 식품과 국, 찌개의 국물은 나트륨 섭취량을 높이는 주범이 됩니다. 게다가 짠맛을 희석하기 위해 밥, 탄수화물의 섭취량도 많아지죠. 가장 좋은 것은 계란말이, 두부부침, 생선구이 같은 단백질 반찬을 먹으려고 노력하는 거예요. 브로콜리, 시금치 등의 채소도 단백질과 각종 비타민, 미네랄이 들어 있어 좋은 반찬이 될 수 있습니다. 이렇게 하다 보면 식단에서 단백질 섭취량을 늘릴 수 있을 뿐 아니라 나트륨과 탄수화물의 섭취는 줄이고 다양한 영양소를 섭취하게 되는 부수적인 효과도 얻을 수 있습니다.

셋째, 빵이나 떡 등의 탄수화물 간식을 두유나 우유, 치즈, 요거트, 견과류 등의 단백질 간식으로 대체하세요. 한국인은 주식도 탄수화물의 비중이 높지만 간식도 탄수화물의 비중이 높습니다. 빵, 떡, 과일 등이 그러한 예죠. 그보다는 두유나 우유 한 잔, 삶은계란을 간식으로 섭취하는 것이 좋습니다. 아몬드나 호두 같은 견과류 한 줌도 포만감을 주면서 좋은 지방과 단백질을 섭취할 수 있는 간식입니다.

넷째, 다양한 식품과 조리법으로 단백질을 섭취하려 노력하세요. 같은 고기를 먹더라도 돼지고기, 소고기, 닭고기, 오리고기를 번갈아 먹어 보세요. 구워 먹거나 수육을 만들어 먹을 수도 있고 채소와 함께 볶아 먹을 수도 있습니다. 방법은 무궁무진하답니다. 생선은 말할 것도 없습니다. 고등어, 참치, 꽁치 같은 등 푸른 생선부터 갈치, 가자미, 조기, 대구 같은 흰 살 생선까지 끼니마다 번갈아 먹으면 매번 다르게 먹을 수 있을 정도지요. 생선뿐 아니라 전복, 오징어, 새우 등의 해산물도 좋은 단백질 공급원입니다. 식물성 단백질도 마찬가지죠. 콩의 종류도 서리태, 강낭콩, 병아리 콩, 렌틸 콩 등 다양하고 두부도 두부조림, 두부부침, 두부전골까지 활용법이 매우 다양합니다. 똑같이 단백질 섭취를 목표로 한다고 해도 식품의 종류와 조리법을 다양하게 하면 단백질을 구성하는 아미노산을 균형 있게 섭취할 수 있고, 단백질 외의 영양소도 다양하게 섭취할 수 있습니다.

어렵게 생각하지 않으셔도 됩니다. 처음에는 매일 챙겨 먹는 것이 아니라 하루에 한 끼만 지속 가능한 단백질 식단으로 먹기 시작해서 늘려 가도 좋습니다. 아예 하지 않는 것보다 조금씩 실천하면서 늘려 가는 것이 훨씬 좋으니까요. 그리고 식사를 하기 전에 이 실천 방법을 한 번쯤은 되새겨 보시기 바랍니다. 그러다 보면 익숙해져서 의식적으로 생각하지 않아도 일상적으로 실천하는 날이 올 겁니다. 지속 가능한 단백질 식단 실천으로 몸과 마음의 건강을 되찾으시기를 바랍니다.

3장

# 이제 나는
# 유쾌하게 살기로 했다

# 긍정적인 분노는
# 심리적 허벅지 근육이다

 '늘' 화를 낸다면 그건 병입니다. 하지만 살다 보면 누구나 화가 날 수 있습니다. 화가 나지 않는다고 하면 그건 사람이 아니지요. 화는 부정적인 감정으로 여겨지곤 하지만 효과적으로 표출한다면 삶을 살아가는 데에 도움이 됩니다. 그런데 우리가 내는 화에 여러 종류가 있다는 것을 알고 계셨나요? 급격하게 분출되는 화를 '분노'라고 한다면, 그 분노의 종류는 자그마치 열 가지나 됩니다.

 먼저 잠재적 분노가 있습니다. 평소에 불공평하다고 생각했던 감정이 이글거리며 누적되었다가 한 번에 폭발적으로 튀어나오는 분노인데, 피해자가 가해자 집단에게 극심한 증오를 보이는 형태로 나타나거나, 계획적으로 습격하는 형태로 나타나기도 합니다. 당하는 사람은 영문도 모르고 당하는 화가 바로 잠재적 분노입니다. 그런데 잠재적 분노를 내는 사람은 위험하기도 하지만 불쌍하기도 한 사람입니다. 잠재적 분노는 주로 감정을 표현하지 못하거나 억제하는 사람들에게서 나타납니다. 즉각적으로 표출되지 않고 내면에 꾹꾹 억눌리거나 서서히 쌓였다가 특정한 사건이나 상황이 트리거가 되어 폭발할 수 있습니다. 억압된 감정은 결국 심리적 스트레스나 우울증으로 이어질 수 있답니다. 분노가 폭발적이라 이상한 사람 취급을 받지만 내적으로는 심한 우울과 분노가 가득하니 인생이 힘든 사람들이지요.

생존성 분노도 있습니다. 살기 위해 내는 분노죠. 이는 자신이 물리적으로나 육체적으로 매우 위험한 상황에 노출되었을 때 살아남기 위해 급작스럽게 튀어나오는 분노를 말합니다. 화를 내야겠다고 생각하고 내는 화가 아니라 긴급하게 터져 나오는 분노입니다. 생존성 분노는 신체적 또는 심리적으로 위험한 상황에서 자신을 보호하기 위해 발현되는 본능적인 반응이라 긴박한 상황에서 신속하게 대응하고 자신을 지키기 위해 행동하게 합니다. 폭력적 상황에서 자신을 보호하기 위해 격렬하게 저항하거나, 갑작스럽게 직장을 잃고 생계가 막막해졌을 때 느끼는 절박함과 극도의 불안으로 터져 나오는 감정을 생각하면 이해가 될 겁니다.

체념성 분노는 조금 다릅니다. 누굴 탓할 수도 없고 상황은 마음대로 안 되고 중요한 지점에 자신이 아무것도 할 수 없다고 생각될 때 혼자 먼 산을 보며 성질내는 것을 체념성 분노라고 합니다. 성질은 나지만 명분도 없고 대상을 찾지도 못하는 허무한 분노지요. 이 분노는 상황을 바꿀 수 없다는 인식에서 시작되어서, 결국 체념으로 이어집니다. 문제를 해결하려는 시도마저도 포기하고 그저 분노를 내면에 쌓아 두는 거죠. 이는 대개 수동적이고 무기력한 태도로 나타나며 자신이 처한 상황에 대한 절망감을 동반합니다. 억압적인 부모나 배우자와의 관계 속에서 오랫동안 의견이 무시되거나 억눌리면 "어차피 바뀌지 않을 거야"라며 체념하게 됩니다. 그저 감정을 억누르는 상태로 살아가다가 어느 순간 나도 모르게 화가 치밀어 오르면서 "내가 화병인가?" 하는 분들 계시지요? 이는 반복적 좌절에서 기인한 전형적인 체념성 분노입니다.

초조함이 연료인 화도 있습니다. 바로 유기성 분노입니다. 내가 버려졌다고 느낄 때 외로움, 초조, 불안 등이 섞여서 고통이 되고, 이 고통이 분노처럼 나타나는 형태입니다. 이는 주로 가까운 사람이나 중요한 관계에서 자신이 배제되거나 버림받았다고 느낄 때 발생합니다. 종종 깊은 상처와 함께 배신감이나 매우 격한 분노와 같이 강렬한 감정적 반응을 동반하기도 합니다. 보고 싶다고 기껏 집 앞까지 찾아와서 갑자기 화만 내고 돌아가는 사람이 있지요? 이분들은 자신이 민망해지거나 상대방에게 거절을 당할지도 모른다는 불안을 가지고 있다고 보면 됩니다. 유기성 분노를 분출하는 분들은 워낙 불안도가 높고 분노가 크기 때문에 유난히 연애 같이 타인과 관계 맺는 일에 어려움을 겪습니다.

병리적 분노는 좀 더 심각하게 보셔야 합니다. 이는 아주 어린 시절부터 좌절과 고통의 기억이 뒤섞인 채 해결되지 못하고 인생에 들러붙어 생겨나는 분노입니다. 대단히 어둡고 무기력하며 과잉 죄책감과 심한 자기 처벌 형태로 나타나기도 해서, 자신의 뺨을 가혹하게 때린다거나 갑자기 잠수를 타기도 합니다. 이 경우도 충분히 좋아질 수 있으니 꼭 상담을 받으시길 권합니다.

수치심과 연결된 분노도 정말 불같은 분노입니다. 내가 발가벗겨진 듯한 느낌을 경험했다거나 대중 앞에 무시를 당하면 수치심을 느끼게 되고 분노로 이어지는데, 이런 경우 시간이 지날수록 분노가 점점 커져 범죄로 이어지기도 합니다. 수치심에서 시작된 분노는 뉴스에 나올 만큼 무서운 사건을 일으키기도 하죠.

회피성 분노는 직접직으로 분노를 표출하지 않고 갈등 상황을 회피하는 분노를 말합니다. 이 유형의 분노를 가진 사람은 갈등이나 대립을 두려워하거나 불편해서 자신의 감정을 억누르거나 감추려는 경향이 있지만, 내면에는 화산의 마그마처럼 강한 분노가 있죠. 이런 불같은 감정을 해결하지 않고 억제하면 장기적으로 심리적 스트레스나 불안감이 생깁니다. 이런 경우 자신의 감정을 돌아보고 객관적으로 상황을 바라보아야 합니다. 간혹 자기 잘못을 인정하지 않으려고 지적한 사람에게 더 크게 화를 내는 경우가 있기 때문입니다.

대리성 분노와 돌발성 분노도 있습니다. 대리성 분노는 분노의 대상에게 직접적으로 분노를 표출하지 못하고, 전혀 상관없는 제삼자에게 그 분노를 표출하는 경우입니다. 분노의 대상에게 분노를 드러내기 어려울 때 화를 이기지 못하고 무고한 사람이나 사물에 과도하게 반응하는 겁니다. 한마디로 종로에서 뺨 맞고 한강 가서 분풀이하는 거지요.

돌발성 분노는 밑도 끝도 없이 불현듯 화를 내는 경우랍니다. 이유도 없습니다. 무작정 화를 내고, 자신의 화가 풀릴 때까지 계속 성질을 부립니다. 그래서 다들 이상한 사람이라고 하지요. 게다가 아주 폭발적으로 화를 내기 때문에 주변 사람들과 원만한 관계를 유지하기 힘듭니다. 통제력도 자주 잃고, 사소한 자극에도 과도한 반응을 보이죠. 그래서 인간관계를 이어 가는 데에 어려움을 겪는 경우가 많습니다. 이런 돌발성 분노를 표출하는 사람들은 욕도 많이 먹지만, 돌발성 분노가 사라진 후에는 자신의 행동에 대해 후회하거나 자책하는 경우가 많습니다. 워낙 화를 자주, 이유 없이 내기에 관계를 돌이키기 쉽지 않습니다. 이런 분노 유형은 꼭 치료를 받으시기를 권합니다.

이렇게만 보면 분노라는 감정이 무조건 나쁘다고 생각하실 수도 있지만 긍정적인 분노도 있습니다. 상대가 나를 무시하거나 공격할 때 화를 내는 건, 나를 보호하고 내 생각과 감정을 전달하는 역할을 합니다. 가만히 있으면 가마니로 보고, 보자 보자 하면 보자기로 보는 세상에서 자신을 보호하기 위한 적절한 화는 필요하지요. 대개 이런 화는 누가 봐도 이해되는 분노이고, 상황이 해소되면 비로 없어집니다. 나들 아시지요? 분노를 잘 다루면 인간관계에도 일에도 매우 좋은 결과를 낼 수 있습니다.

긍정적 분노를 보면 분노라고 모두 부정적인 결과를 초래하는 것이 아니라 특정 상황에서 건설적이고 긍정적인 역할을 할 수 있음을 알게 됩니다. 일반적으로 분노는 부정적인 감정으로 인식되지만, 적절하게 표현하고 관리할 때는 개인의 목표 달성, 관계 개선 또는 문제 해결에 기여할 수 있습니다. 긍정적 분노의 장점은 문제 해결의 동력이 된다는 점입니다. 상황이 부당하거나 잘못되었다고 느낄 때 발생하는 감정이지만, 문제를 인식하고 이를 해결하기 위한 강력한 동기 부여가 될 수 있습니다. 예를 들어 직장이나 모임에서 부당한 대우를 받았을 때 그에 대한 분노가 문제를 개선하는 기점이 되기도 하지요. 또한 자신의 권리나 존엄성이 침해당했을 때 타인에 대한 경계를 설정하는 데 도움을 줄 수 있습니다. 적절한 분노 표현은 타인에게 자신의 감정을 알리고, 더 이상 침해받지 않도록 하는 중요한 역할입니다. 성질이 더러우면 주변에서 잘 안 건드리는 경우가 있죠. 물론 모두에게 해당하는 것은 아니지만 가끔 나의 성질을 주변에 일부 알리는 것은 건강한 관계의 자원이 됩니다. 이참에 우리도 건설적인 화 좀 내 볼까요?

나이가 들면 분노가 자주 들끓는 것 같습니다. 가끔은 뒤처진다는 생각만으로도 스스로 머리카락을 잡아 뜯고 싶을 때가 있지요. 이를 악물고 침을 삼키며 내 성질을 성과로 바꾸는 감정의 물꼬를 틔워 성과와 성장을 향해 간다면 이는 긍정적 분노가 됩니다. 이때 긍정적 분노는 특정한 사람을 향하는 게 아니라 성장을 향합니다. 성질이 만들어 낸 인고의 작품인 셈이지요.

지금 이 순간 잠시 멈추어 생각해 봅시다. 내게 화를 퍼부었던 사람은 누구였나요? 혹시 그 사람의 분노 속에서 긍정적인 의도를 발견한 적이 있나요? 마치 성질내기와 훈육의 차이처럼 자신의 감정적 이익을 위한 화가 부정적 분노라면, 타인과 자신의 성장 및 발달을 촉진하기 위한 감정적 고조는 일관성 있고 의도마저 거룩한 성장형 분노, 즉 긍정적 분노입니다.

그러나 긍정적 분노와 부정적 분노를 구분하기란 쉽지 않습니다. 시간이 지나고 당사자의 진심을 알아챌 때까지 우리는 거친 숨을 고르며 복수하리라 마음먹기도 합니다. 상대를 작살내는 상상으로 순간순간을 버틴 적도 있잖아요. 그러나 좋은 사람은 세월 속에 드러나듯, 시간이 지나며 그 사람의 분노가 제 감정을 채우기 위한 것이 아니라 성장을 위한 부채질이었다는 것을 알게 됩니다.

또한 화를 내는 과정에서 나의 감정을 들여다보고 정확히 파악할 수 있습니다. 상대를 향한 감정이 상대 혹은 나를 이롭게 할 것 같은지, 아니면 전적으로 감정을 표현하기 위해서만 기능하는지를 어렴풋이 판단할 수 있습니다. 그러니 구분해 봐야 합니다. 나에게 긍정적 분노를 내는 사람과 감정적으로 구토하는 인간을 구분해야 합니다. 개인적 감정 없이 업무상 필요한 지적을 하는 사람은 내게 성장 가동기 역할을 하는 사람이죠. 반면 시도 때도 없고 안과 밖도 없이 아무 때나 성질을 부리고 공개적으로 내 인격을 공격하면서 감정 배설만 하는 사람은 반드시 구분해야 합니다. 마찬가지로 자신을 돌아보며 성장을 위해 감정을 품게 되는 대상이 있는지, 나도 모르게 감정 설사를 해 버리는 대상이 있는지 살펴봐야 합니다.

# 그놈의 성질머리로
# 오해받는 당신에게

"아, 쟤는 도대체 왜 저런다니?"

"그냥 내버려둬. 자기 성질만큼 살다 가는 거야!"

'성질머리'는 '성질'을 속되게 이르는 표현으로 흔히 사람의 성격이나 성질이 고약하거나 다루기 어렵다는 뜻으로 사용합니다. 쉽게 화를 내거나 감정을 조절하지 못하고 즉각적으로 분노를 표출하는 사람을 묘사할 때 쓰죠. 성질머리가 있는 사람은 종종 고집이 센 사람을 말하기도 하고, 작은 자극에 민감한 경우에 '아, 저놈의 성질머리!'라고 말하기도 합니다.

성질머리는 인간관계뿐만 아니라 개인의 삶에도 부정적인 영향을 미칠 수 있습니다. 예를 들어 직장에서 상사나 동료와의 갈등이 잦아지거나 가족이나 친구와의 관계에서 오해와 불화를 초래할 수 있죠. 또 '자기 성질을 못 이겨서'라는 말처럼 스트레스와 불안감을 스스로 증가시키며 장기적으로는 정신 건강에 악영향을 줄 수 있습니다. 사실 성질을 부리는 사람이 오히려 부러울 때도 있지요. 살다 보면 이래도 욕먹고 저래도 욕먹을 때가 있습니다. 어떤 때는 화를 내서 욕먹고 어떤 때는 화를 안 내서 욕먹기도 합니다. 내가 화를 내려는 순간에 상대방이 먼저 화를 내 당황한 적도 있었을 겁니다. 방귀 뀐 놈이 성을 낸 거지요. 이래도 욕먹고 저래도 욕먹어 본 사람이라면 이렇게 외칠지도 모릅니다. "어차피 이렇게 된 거 성질이라도 내 보고 욕먹읍시다!"

그런데 여기서 잠깐! 성질과 성격이 같은 걸까요? 성질 disposition은 사람이 가지고 있는 본래의 기질 또는 마음의 본바탕을 말합니다. 타고난 특성이죠. 그래서 주로 특정 상황에서 반복적으로 나타나는 감정적 반응이나 행동 패턴을 말합니다. 대개 감정적이고 즉각적인 반응으로 나타나며 쉽게 변하지 않습니다. 또한 성질은 상황에 따라 쉽게 폭발하거나 즉각적으로 표출됩니다. 그렇기 때문에 쉽게 화를 내거나 짜증을 내는 분들에게 성격이 아니라 성질이 급하다고 말하는 거죠.

반면 성격personality은 개인이 가지고 있는 고유한 심리적 특성이나 행동 양식을 말합니다. 성격은 성질과 달리 시간과 상황에 걸쳐 지속적으로 나타나고, 다른 사람과 구별되는 개인의 독특한 특징을 형성합니다. 선천적인 요소와 후천적인 경험에 의해 형성되기 때문에 비교적 안정적이지만 환경에 따라 변화할 수 있습니다. 또한 다양한 상황에서 일관되게 나타나는 행동 패턴이기 때문에 감정뿐만 아니라 사고방식과 태도까지 포함합니다.

성질과 달리 성격은 시간이 지나면서 발전하거나 변화할 수 있고, 타인과의 상호 작용에서 중요한 역할을 한답니다. 그래서 '외향적이다', '내향적이다'라는 말은 성격을 말하는 것이고, 그 사람의 전반적인 행동 양식과 사회적 태도를 보여 주는 거죠.

인간관계는 일종의 소화 기관 또는 배설 기관과 같습니다. 어떤 것도 잘 소화해 내는 사람이 있듯 인간관계

성질과 성격의 차이

|  | 성 질 | 성 격 |
| --- | --- | --- |
| 정의 | 타고난 기질이나 감정적 반응 | 개인의 고유한 심리적 특성과 행동 양식 |
| 특징 | 즉각적이고 감정적인 반응 | 일관되고 지속적인 행동 패턴 |
| 변화 가능성 | 상대적으로 변화하기 어려움 | 환경에 따라 변화 가능 |
| 예시 | "그는 화를 잘 내는 성질이 있다" | "그는 외향적인 성격이다" |

도 느물느물하고 넉넉하게 다 받아 내는 사람이 있습니다. 반면 조금만 잘못 먹어도 설사하는 사람도 있습니다. 인간관계에 갈등이나 어려움이 조금만 있어도 그대로 박살이 나 버리는 사람이 있지요. 잦은 설사가 항문에 통증을 가져오듯이 관계를 잘 소화해 내지 못하면 관계의 괄약근이 약해집니다. 아시죠? 괄약근도 근육입니다. 아무렇게나 성질내 보자며 자유를 외치다가는 관계 설사로 주변이 초토화될 수도 있습니다.

문제는 감정 조절에 실패하면 오해를 받거나 때로는 큰 불이익을 당하기도 한다는 점입니다. 한 번 성질을 내고 남은 시간을 눈치 보며 살아가는 기분, 많이들 아실 겁니다. 이런 일이 벌어지면 다들 '이불 킥'을 하죠. 저도 이불 킥을 하도 많이 해 이불에 구멍이 날 지경입니다. 스스로 머리를 치며 '내가 미쳤지', '내가 왜 그랬지', '좀 참았어야 했는데', '나는 왜 이렇게 미성숙한가'를 외치고 또 외치면서 아무도 모르게 혼자 발버둥을 치지요. 나이 먹고 혼자 버둥거리는 내가 한심하기 그지없지만, 부끄러운 기억 때문에 누구한테 하소연도 못 합니다. 이럴 때 나를 잘 조절하고, 부끄러움을 잘 감당해 내고, 나를 위로할 수 있는 방법을 알고 있다면 얼마나 좋을까요? 자, 이제 잃어버린 자존심을 되살리고 나를 다시금 일으키기 위해 마음 근육을 강하게 만드는 법을 알아봅시다.

먼저 나만의 위로 요소들을 마련하세요. 삶이 뜻대로 되던가요? 늘 같은 곳에서 넘어지고, 평생을 풀리지 않는 상황의 연속 속에서 살아갑니다. 모든 상황에 훌륭하게 대처할 수 있다면 얼마나 좋겠어요. 꼭 그렇지 않더라도 반복되는 상황에 대한 대응력을 가지면 참 좋을 것입니다. 대응력을 가지라고 하니 조금 어렵게 느껴지죠? 하지만 아주 간단하고 쉽습니다. 바로 나만의 위로 장소, 위로 음식, 위로 노래를 찾는 것입니다.

많은 분이 저를 늘 씩씩하고 상처도 안 받고 화도 안

내는 사람이라고 생각하더라고요. 저도 똑같은 인간인데 어찌 화가 안 나겠습니까? 당연히 나지요. 다만 저만의 조절 방법이 있습니다. 속이 너무 상하고 힘이 들고 화가 나고 억울할 때면 저만의 위로 장소에 갑니다. 그러면 나중에는 속상할 때 그 위로 장소만 떠올려도 마음이 안정되고 위로가 됩니다. 마음 근육은 이렇게 만들어지는 겁니다. 엄청나고 대단한 방법이 아니라 잘 훈련된 내 몸의 습관에 혼란스럽고 산만한 내 마음을 가두는 훈련을 하는 것이지요. 몸의 움직임과 공간의 안정성을 결합해 정서적인 환기 경험을 만드는 것입니다. 이게 습관으로 자리 잡으면 나만의 기쁨과 안식을 경험하게 됩니다. 여러분도 자신만의 위로 장소를 꼭 찾으셨으면 좋겠습니다. 좋은 말과 행동이 습관으로 자리 잡으면 안정감과 행복감을 느낄 수 있답니다. 만약 가능하다면 위로 장소에서 달콤한 위로 음식을 한 가지 드셔 보세요. 좋아하는 걸로요. 조금 비싸도 괜찮습니다. 병원비와 약값보다는 싸니까요. 그리고 이건 값을 넘어 나를 위한 자기 돌봄입니다. 나아가서 나를 안정시키는 음악인 위로 노래를 들으며 삼박자를 맞추면 더욱 좋습니다.

# 체중이 자존감의
# 멱살을 잡았다면

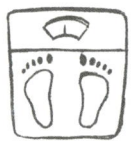

"봐, 살이 쏙 빠지니까 몸매가 완전히 살지?"

"응, 몸매는 살고 얼굴은 죽었어!"

다이어트로 몸매는 젊어지고 얼굴은 폭삭 늙어 버린 분들 손 들어 보세요. 몸매냐, 얼굴이냐를 두고 연예인들이 세기의 논쟁을 했다지만, 몸매건 얼굴이건 간에 모두 자존감과 연결되어 있을 겁니다. 다이어트를 통해 자존감이 상승한다는 말이 있지요. 어떤가요? 살 빼면 자존감이 올라가나요? 살 좀 빼 본 분들은 아시겠지요. 올라갑니다. 빠졌을 때는 올라가지요! 그리고 찌면 자존감이 다시 내려오다 못해 지하실까지 곤두박질칩니다. 우리는 매번 이러한 성공과 실패를 뫼비우스의 띠처럼 영원히 반복하는 듯 보입니다. 이처럼 다이어트 요 녀석은 오르막과 내리막을 반복하며 자존감의 멱살을 잡을 때가 많지요. 특히 외모에 대한 고민이 많은 분들, 한국 사회의 고질적인 사회적 시선에 몸부림치는 분들, 인정 욕구가 매우 강하지만 나의 이상과 현실의 격차가 큰 분들은 자존감의 등락이 매우 거셌을 겁니다. 누군가의 기준에 나를 맞춘다는 것은 매우 힘겨운 일이고 때로는 자신을 가혹하게 대하는 일이기도 하지요.

그리스 신화에 등장하는 프로크루스테스를 떠올려 봅시다. 그는 지나가는 사람을 붙잡아 자신이 만든 침대에 눕히고는 키가 침대보다 크면 다리나 머리를 잘라 죽이고, 키가 침대보다 작으면 몸을 잡아 늘여 죽였습니다. '프로크루스테스의 침대'라는 말은 자신의 생각과 기준에 맞추어 남을 고치려고 하거나 남에게 해를 입히면서까지도 자기주장을 밀고 나가는 경향을 말합니다.

다이어트도 이와 비슷한 현상으로 설명할 수 있습니다. 많은 사람이 다이어트를 할 때, 자신의 몸 상태나 생활 패턴을 고려하지 않고 유행하는 다이어트 방법이나 특정한 미적 기준에 자신을 맞추려고 노력합니다. 하나의 음식만 먹는 원 푸드 다이어트, 공복 시간을 길게 유지하는 간헐적 단식, 탄수화물은 적게 지방은 많이 먹는 저탄고지, 단백질은 많이 섭취하고 탄수화물은 적게 열량은 낮게 섭취하는 덴마크 다이어트, 탄수화물을 극도로 제한하는 케토제닉 등 유행하는 획일적인 다이어트 방식은 마치 프로크루스테스가 사람들을 자신의 침대에 억지로 맞추려 했던 것처럼, 다양한 신체적 차이를 무시하고 하나의 틀에 자신을 억지로 맞추려는 시도입니다. 어쩌면 우리도 다른 이의 시선 속 침대에 스스로를 묶고 있는 건 아닌지 생각해 보아야 합니다.

그렇다면 많은 분이 다이어트를 하면 자존감이 올라간다고 하는데 정말 그럴까요? 결론부터 말씀드리자면 다이어트를 하면 자존감이 올라간다는 말은 틀린 말입니다. 다이어트를 통해 얻은 자존감은 근본적인 자존감과는 다소 다르기 때문입니다. 다이어트가 자존감에 미치는 영향을 이해하려면 자존감과 자신감의 차이를 먼저 알아야 합니다.

자존감은 자신의 모습을 있는 그대로 수용하고 사랑하는 마음을 의미합니다. 외부적인 성취나 외모 변화에 의존하지 않고도 스스로 존중하고 긍정적으로 바라보는 것이 핵심이죠. 반면 자신감은 특정한 성취나 외적 변화로 인해 생기는 긍정적인 감정입니다. 예를 들어 다이어트를 통해 체중을 감량하고 몸매가 개선되었을 때 느끼는 만족감은 자신감을 높일 수 있습니다. 그런 면에서 다이어트 후 자존감이 높아졌다는 표현은 사실상 자신감이 높아진 것으로 해석해야 할 겁니다. 체중 감량이나 외모 변화로 인해 자신감을 얻고, 사회적 인정이나 긍정적인 피드백을 받으면 기분이 좋아질 수 있죠. 하지만 이러한 변화는 오히려 외부적 요인에 의존한 자신감일 가능성이 큽니다. 그러니 다이어트 성공 후 자존감이 높아졌다는 말은 엄밀히 말하자면 잘못된 표현이라고 봐야 합니다. 외모나 체중 변화에 따른 일시적인 만족감을 자존감으로 착각한 겁니다. 자존감은 외모나 성취와 상관없이 내면의 안정된 상태를 말하기 때문에 외적인 변화에 따라 쉽게 변하지 않으니까요. 또한 다이어트에 실패하거나 요요 현상이 발생했을 때 자존감이 낮아졌다고 말하는 것 역시 자신감이 낮아졌다고 말하는 것이 더 적절할 겁니다. 자존감은 다이어트에 실패하고 요요 현상이 왔다는 것만으로 흔들리지 않거든요.

그래서 다이어트를 시작하기 전에 건강한 자존감을 먼저 확립하는 것이 중요합니다. 다이어트를 하기 전에 의사를 만나거나 상담을 받는 경우가 있습니다. 대단히 훌륭하다고 생각합니다. 식욕 억제제 처방이나 어린 시절 트라우마 해결뿐만 아니라 마음의 상태를 보다 단단히 만들고 생활 패턴을 분석해서 삶의 시선을 바꾸려는 시도니까요. 자신의 내면적 가치를 먼저 인정하고, 그 위에 건강한 체중 감량 목표를 세우면 더 만족스러운 결과를 얻을 수 있습니다. 그러니 다이어트를 통해 자존감을 높이기 위해서는 단순히 체중 감량에만 집중하는 것이 아니라, 건강한 정신을 유지하는 것이 무엇보다 중요합니다. 몸을 유지하는 것은 정신 기둥이니까요. 자, 지금부터 다이어트 과정에서 자존감을 높이는 데 도움이 되는 몇 가지 심리적 전략을 말씀드리려 합니다.

먼저 현실적인 목표를 세우는 겁니다. 목표는 다이어트

성공의 중요한 요소입니다. 너무 극단적이거나 비현실적인 목표는 오히려 실패로 이어져 자존감을 더 낮출 수 있으니 조심해야 합니다. 반대로 실천 가능한 작고 구체적인 목표를 설정하면 성취감을 느끼기 쉬워지고, 자존감도 향상하게 되지요.

예를 들어 '한 달에 2kg 감량'과 같은 구체적인 목표를 세우고 이를 위해 '밀가루 안 먹기', '시간 맞춰 식사하기', '하루 30분 운동하기'를 눈에 보이는 데 써서 붙여 놓았다고 생각해 봅시다. 메모를 볼 때마다 다짐을 하면서 의지를 키울 수 있습니다. 또한 달력에 날짜를 지워 가며 진행한다면 하루하루 성공했다는 뿌듯함을 느낄 수 있고, 성공하는 날짜가 늘어남에 따라 성취하고자 하는 마음도 커질 것입니다. 그래서 거창한 목표보다는 작은 목표들을 세우고 이루며 나아가는 것이 좋습니다. 물론 달성할 때마다 자신을 칭찬하는 것도 잊지 말아야겠지요?

작은 성취는 목표를 설정하고 이뤄 가는 데 중요한 역할을 합니다. 그놈의 체중계가 늘 우리를 협박하지요. 앞으로는 체중계 숫자에만 집착하지 말고, 작은 성취를 인정해 보세요. 목표를 향해 더 꾸준히 나아갈 수 있을 겁니다. 예를 들어 운동 후 체력이 좋아졌거나 옷이 더 잘 맞게 된 것과 같은 작은 변화를 인식하고 이를 축하하는 겁니다. 체중계 속 숫자뿐만 아니라 그 외의 작은 변화에서 성취를 얻는 것은 자존감 향상에도 도움이 됩니다. 이제는 몸무게가 아닌 옷 사이즈가 줄어드는 것을 즐겨 보세요.

동시에 자신에게 힘을 주는 것도 너무나 중요합니다. 나를 격려하고 동기 부여하는 것이지요. 그중에서도 긍정적인 '선언적 문장'이 좋습니다. 예를 들어 "나는 오늘도 실천해. 훌륭해" 같은 긍정적인 문장을 소리 내어 독백처럼 반복하면 실천력도 높일 수 있고, 동시에 자존감도 강화된답니다.

흔히들 다이어트는 평생의 숙제라고 말합니다. 이때 말하는 다이어트는 다이어트라는 단어가 지닌 본연의 의미와는 달라진 경우가 많습니다. 다이어트란 살을 뺀다는 의미보다는 '건강한 식사'라는 의미를 담고 있습니다. 하지만 살을 빼기 위해 무작정 굶거나 극단적으로 식사하는 등 건강하지 않은 방식을 택하는 경우가 많습니다. 본연의 뜻을 잃은 것은 단어의 의미만은 아닐 겁니다. 건강하려고 시작한 것임에도 다이어트와 요요를 반복하며 스스로를 괴롭히기도 하고 삶의 주인이 내가 아닌 것 같다고 느끼기도 합니다. 타인의 평가에 자신을 맡기거나 타인의 기준에 나를 맞추는 것이지요. 문제는 다른 사람의 기준은 늘 달라지고 생각보다 매우 혹독하다는 것입니다. 나의 건강을 위해서건 나의 인정 욕구를 충족시키기 위해서건 나의 몸을 바꾸고자 한다면 그 기준은 '자신'이어야 합니다. 환경을 바꿀 때도 그 기준은 '나'여야 합니다. 그래야 쉽게 무너지지 않고 자신의 삶을 잘 유지할 수 있습니다. 내 몸에 맞지 않는, 나 자신이 기준이 되지 않는 다이어트로 건강을 해치지 않길 바랍니다. 나아가 건강한 자존감으로 자신의 건강을 자랑하기 바랍니다. 그래야 삶이 살아납니다.

# 실리콘 밸리에서는
# 도파민 단식이 유행이다

"당신의 최종 목표는 행복이 아니라 균형이다."

이는 행복 강의를 하면서 내린 저만의 결론입니다. 행복은 여러 차원에서 실현이 가능하지만, 그중 신체 행복의 으뜸은 역사적으로 다이어트였습니다. 지금도 다이어트하고 계신가요? 밥을 많이 줄이셨지요? 그런데도 실패하셨지요? 다크서클이 턱밑까지 내려오고 손이 덜덜 떨리도록 굶었는데 보람도 없이 다시 이전의 몸으로 돌아갔지요? 다이어트에 성공하고 싶으신가요? 우리가 잘 알고 있듯이 내게 오는 자극을 통제할 수 있다면 누구라도 쉽게 다이어트에 성공할 수 있습니다. 그러나 인간은 본래 도파민 지향적인 생명체인지라 이 과정이 꽤나 어렵습니다. 그래서 다이어트에 성공하고 싶다면 도파민 단식을 먼저 해야 합니다.

도파민은 기쁨, 즐거움, 욕망, 감정, 동기 부여나 운동 조절 등에 작용하는 뇌의 신경 전달 물질입니다. 뇌에 쾌락이나 감각적인 만족을 제공하기 때문에 생명 유지에 도움이 되기도 하지만, 더 많은 자극과 쾌락을 추구하려는 노No 브레이크의 특성도 가지고 있습니다. 한번 시작하면 멈출 수 없고, 멈추지 않는다는 것이지요.

도파민은 기쁨을 뽑아내기 위해 무엇이든지, 얼마든지 할 수 있는 물질입니다. 예를 들어 스마트폰이 우리 손에서 떠나지 않는 이유, 페이스북과 인스타그램의 늪에서 쩔쩔매고 있는 이유, 주머니를 탈탈 털어서라도 마라탕과 탕후루를 먹는 이유는 맛의 기쁨과 인정의 기쁨이라는 도파민의 핵심 버튼이 눌렸기 때문이죠. 여행이든 음식이든 게임이든 도파민은 인간의 가장 취약하고도 간절한 지점을 찾아가 미친듯이 공략하고 인간을 무릎 꿇게 합니다.

한때 실리콘 밸리에서는 도파민 단식이 대유행이었습니다. 도파민 단식은 심리학자 캐머런 세파Cameron Sepah가 제안한 개념으로 주로 충동적이거나 중독적인 행동을 관리하기 위한 방법을 말합니다. 디지털 기기로 뒤덮여 있는 실리콘 밸리에서 디지털 기기뿐 아니라 술, 담배, 마약, 포르노그래피와 같이 도파민을 자극하는 활동을 일정 시간 중단하는 정신 처방이었지요. 그렇다고 아무것도 안 하는 것은 아닙니다. 정해진 시간 동안 스마트폰이나 디지털 기기를 만지작거리는 대신에 산책이나 스트레칭, 독서 등을 하며 감각적 자극을 최소화하는 것입니다. 트위터의 창업자인 잭 도시Jack Dorsey는 주기적으로 도파민 단식을 하는 것으로 유명합니다.

도파민 단식은 만족 지연delayed gratification 능력과 연관되어 있습니다. 만족 지연 능력이란 지금 당장 하고 싶은 일이 있더라도 더 좋은 결과를 위해 참아 내는 능력을 말합니다. 만족 지연 능력과 관련된 아주 유명한 실험이 있어요. 일명 '마시멜로 실험'입니다. 여러분도 아시지요?

마시멜로 실험은 미국의 심리학자 월터 미셸Walter Mischel

이 진행한 유명한 심리 실험입니다. 이는 만족 지연 능력이 아이들의 미래 성공과 어떤 연관이 있는지를 연구하는 실험이었습니다.

실험자는 아이를 조용한 방에 홀로 두고, 그 앞에 마시멜로 한 개를 놓은 뒤 아이에게 두 가지 선택지를 줍니다. 지금 당장 마시멜로를 먹는 것과 15분 동안 기다린 뒤 마시멜로를 한 개 더 받는 것입니다. 즉, 15분을 기다리면 두 개의 마시멜로를 먹을 수 있다는 조건이었습니다.

실험자가 방을 떠나면 아이는 혼자 남아 마시멜로를 뚫어져라 바라보며 기다려야 합니다. 어떤 아이들은 즉시 마시멜로를 먹어 버렸지만, 어떤 아이들은 더 큰 보상을 위해 먹지 않고 기다리려고 노력했습니다. 기다리는 동안 아이들은 온 힘을 다해 다양한 방법으로 유혹을 이겨 내려 했죠. 어떤 아이는 눈을 꼭 감거나 아예 고개를 돌려 마시멜로를 보지 않으려 했습니다. 손으로 얼굴을 가리거나 노래를 부르며 주의를 다른 곳으로 돌리는 아이들도 있었죠. 아이들은 온몸을 꼬거나 의자에서 움직이며 15분을 견뎠습니다.

15분 후, 실험자가 돌아와서 마시멜로를 먹지 않고 기다린 아이들에게는 약속대로 두 번째 마시멜로를 주었죠. 반면에 기다리지 못하고 이미 마시멜로를 먹은 아이는 추가 보상을 받지 못했습니다. 흥미로운 것은 즉각적인 만족을 선택한 아이들과 기다림을 선택한 아이들을 비교했을 때, 기다림을 선택한 아이들이 나중에 더 높은 학업 성취도와 더 나은 사회적 기술, 스트레스 관리 능력 그리고 낮은 약물 남용 위험도 등을 보였다는 겁니다. 실험 결과에 대해 더 이야기해 봅시다.

 실험 결과는 만족 지연 능력이 개인의 장기적인 성공과 밀접하게 연관되어 있다는 것을 보여 줍니다. 실험자였던 월터 미셸이 실험에 참여했던 아이들을 수십 년 동안 추적 조사해서 그들의 학업 성취도, 직업적 성공, 대인 관계 능을 분석한 결과는 놀라웠습니다. 어릴 때 만족 지연 능력이 뛰어났던 아이들은 성인이 되었을 때 자기 통제력이 강하고 목표 지향적인 삶을 사는 경향이 있었다는 겁니다. 마시멜로 실험은 욕구를 얼마나 잘 조절하는가, 즉 만족 지연 능력이 삶의 만족과 성취에 매우 큰 영향을 미친다는 것을 잘 보여 주었죠.

 유아기로 돌아갈 수도 없는 노릇인데, 이를 어쩌나 걱

정하시는 분이 계시지요? 너무 걱정마셔요. 우리는 오랜 세월 참고 견디며 여기까지 왔고, 이제 인내의 대상을 바꾸기만 하면 됩니다. 성미 급한 분, 참지 못하는 분도 어린 시절보다는 완만해졌고, 참지 않았던 시간에 대한 충분한 처벌과 피해도 입어 봤지요. 시간과 세월이 우리를 조각해 줄 테니 우리는 나이 들수록 점점 더 나아지고 좋아질 겁니다. 어린 시절보다 조금 더 침착해지고 조금 더 기다릴 줄 알게 되면서 우리의 만족 지연 능력 역시 이전보다는 강해졌을 테니까요.

도파민 단식과 다이어트는 심리적·신경학적 측면에서 서로 밀접한 관계가 있습니다. 도파민 단식은 뇌의 보상 시스템을 재설정해서 자극적인 활동에 대한 의존도를 줄이고 더 건강한 행동 패턴을 형성하는 것이 목표입니다. 그래서 도파민 단식은 다이어트를 할 때도 도움이 됩니다. 식욕 조절과 감정적 섭식 감소에 도움이 되기 때문입니다. 어쩌면 '다이어트'라는 것은 우리의 식욕뿐 아니라 전반적 욕망을 통제하는 것과 연결되어 있을지도 모릅니다. 고당, 고지방 음식과 같은 자극적인 음식들은 뇌에서 도파민을 과도하게 분비시키고 즉각적인 만족감을 줍니다. 만일 도파민 단식을 통해 자극적인 음식에 대한 반응을 줄인다면 건강한 음식에 대한 선호도를 높일 수 있을 겁니다.

감정 식사도 마찬가지입니다. 화가 나면 평소보다 많이 먹는 분들 계시지요. 끊임없이 군것질을 하거나, 자극적인 음식을 먹거나, 폭식을 해 본 경험이 한 번쯤은 있으실 겁니다. 많은 사람이 스트레스나 불안 같은 감정적 요인으로 인해 과식을 합니다. 맛있는 것을 먹음으로써 감정적 보상을 받는 거죠. 이때 도파민 단식을 통해 뇌의 보상 시스템을 재설정하면 충동적 선택이나 충동적 식사를 더 쉽게 통제할 수 있습니다. 자극적인 음식을 찾거나 폭식하는 것을 줄일 수 있죠. 이는 다이어트를 성공으로 이끌기도 하지만 건강한 몸을 유지하는 데에 도움을 주기도 합니다. 그렇기 때문에 건강하고 행복한 삶을 위해서는 자극적인 것을 끊기를 추천합니다. 나와 내 주변의 자극을 통제함으로써 건강한 생활 습관을 만들고, 그 과정에서 건강한 다이어트를 실행하는 겁니다. 이는 단순히 다이어트에서 끝나지 않고 더 나은 삶을 위한 다양한 습관을 형성하는 데에도 도움이 됩니다. 예를 들어 잠들기 전에 핸드폰을 보는 대신 책을 한 페이지 더 읽는 방식으로 도파민 단식을 실행한다고 가정해 봅시다. 그렇게 읽은 책이 쌓여 긍정적인 영향을 미치는 것이지요. 그러니 오늘부터 도파민 다이어트를 시작해 보는 것을 추천합니다.

## 정신 승리는 미친 짓이다

"하면 된다!", "아니, 나는 되면 한다!" 정신력을 강조하는 시대가 있었지요. '하면 된다'로 전 세대가 손에 손잡고 앞으로 힘차게 걸어가던 시절에 비하면 지금은 그야말로 '나약한 시대'라고 할 만합니다. 그러나 정신력의 시대가 남긴 숱한 고통도 기억할 겁니다. 자기 희생을 과도하게 강요하니 번아웃 증후군을 겪고, 정신력만으로 문제를 해결하다 보니 생산성만 남고 인간성은 사라졌죠. 감정이나 정신 건강은 안중에도 없던 시절이었습니다. 시대정신이 달라지면서 과거에는 중요하게 여기고 멋지게 생각했던 '정신력'이 '정신 건강'으로 대체되었습니다.

앞에서 다룬 '만족 지연 능력'은 즉각적인 보상을 포기하고 더 큰 보상을 위해 기다리는 능력으로 자기 통제력, 의지력 그리고 인내심과 관련한 정신력의 영역을 다루고 있습니다. 동시에 정신 건강과도 밀접하게 연관되어 있습니다. 연구에 따르면 만족 지연 능력이 높은 사람은 더 나은 심리적 안정성과 자기 효능감을 경험하고, 이는 장기적으로 정신 건강에 긍정적인 영향을 미칩니다. 예를 들어 만족 지연 능력이 높은 사람은 스트레스 상황에서 더 유연하게 대처하고, 충동적인 행동이나 약물 중독 같은 중독성 행동을 피할 가능성이 높은 거지요.

그렇다면 만족 지연 능력을 어떻게 키울 수 있을까요? 저는 '정신 승리'를 믿지 않습니다. 정신 승리가 가능했다면 모두가 뉴스와 매거진을 장식하며 세상을 바꾼 사람으로 등극해 있을 겁니다. 돈과 명예도 따라왔겠지요. 그런데 무수한 자기 다짐 끝에 널브러진 게 어디 한두 번입니까? 이렇듯 정신 승리는 언제나 필패입니다. 저는 오히려 '행동 승리'를 믿습니다. 작은 행동과 성취의 모자이크를 통해 삶의 지도를 만들어 가겠다는 겁니다. 지금 여기서 우리의 손가락과 발가락을 총동원하여 앞으로 한 걸음씩이라도 나아가 보자는 겁니다.

사람은 슬퍼서 우는 것일까요, 울다 보니 슬퍼지는 걸까요? 행복해서 웃는 것일까요, 웃다 보니 행복해지는 걸까요? 19세기 후반 미국의 철학자였던 윌리엄 제임스William James와 칼 게오르그 랑게Carl Georg Lange는 비슷한 시기에 다음과 같은 이론을 제시합니다. 정서 경험은 '자극-정서-신체 변화'의 순서가 아니라 '자극-신체 변화-정서'의 순서라고 말이죠. 예컨대 길을 가다가 갑자기 멧돼지와 마주쳤다고 생각해 보세요. 깜짝 놀라 도망가게 되겠지요? 그렇게 미친듯이 뛰다 보면 심장이 마구 뛰면서 손에서 땀이 나고 무섭다고 느끼게 됩니다. 제임스와 랑게의 설명에 따르면 우리가 멧돼지를 보고 무서워서 도망간다고 생각하지만, 실은 도망가다 보면 무서워지는 것이라고 합니다. 또 다른 예를 들어 볼까요? 갑자기 오토바이가 옆으로 휙 지나가면 반사적으로 움찔하면서 '나 완전 소름 돋았어. 너무 무서워' 하고 말하지요. 즉 신체 변화가 먼저 이루어진 후에 두려움을 확인하는 것입니다.

결국 심장이 뛰고 호흡이 빨라지고 땀이 나야 공포라는 정서를 느끼게 되는 거죠. 이 논리대로라면 울다 보면 슬퍼지고, 웃다 보면 행복해질 수 있습니다.

이 논리는 안면 피드백 가설과도 연결됩니다. 안면 피드백 가설에 따르면 우리의 얼굴 표정이 우리의 감정 상태에 영향을 미친다고 합니다. 우리가 미소를 지으면 뇌가 긍정적인 감정이라고 해석해 기분이 좋아지고, 반대로 우리가 울상을 지으면 뇌가 부정적인 감정이라고 해석해 갑자기 기분이 상한다고 보는 것입니다. 그래서 우리는 웃는 사람 곁에 있어야 하고, 우리도 타인을 향해 웃어 줘야 하는 거지요.

이를 바탕으로 감정을 어떻게 관리하고 통제해야 할지 생각해 보아야 합니다. 감정이 행동을 만들기도 하는 거니까요. 그러나 감정이 가자는 대로 따라가기만 하면 인생이 완전히 실패할 겁니다. 그러니 내가 선택한 삶을 살고자 한다면, 행동이 감정을 만들 수 있음을 염두에 두세요. 일단 행동하고 그 이후에 감정을 살펴보자는 겁니다. 그러면 인생이 훨씬 매력적이고 만족스러워질 겁니다.

그렇다면 행동 승리를 통한 다이어트도 가능할까요? 당연히 가능합니다. 이를 위해서는 첫 번째로 자신의 상황과 만족 지연 능력을 인식해야 합니다. 내가 왜 참아야 하는지, 당장 앞에 있는 음식을 마구 먹으면 안 되는 이유가 무엇인지 생각해 보는 것이 중요합니다. 이 과정을 '의식화'라고 부르며, 바람직한 성공 모델을 가까이 둔다면 의식화가 더욱 원활하게 이뤄집니다.

두 번째로는 수준에 맞는 목표를 설정해야 합니다. 다이어트를 이유로 일주일씩 굶는다면 요요 현상은 기본이고, 졸도하거나 극단적인 경우에는 사망할 수도 있습니다. 만약 다이어트가 목표라면 자신의 생활 습관을 먼저 파악하고 나이와 건강 상태에 맞게 목표 체중과 방식을 정해야 합니다.

세 번째로 환경도 변화시켜야 합니다. 만약 마시멜로 실험에서 마시멜로 접시에 뚜껑을 덮어 놓았다면 어떻게 되었을까요? 아마 결과는 무척 달라졌을 겁니다. 그러니 여러분도 음식으로부터 멀어져야지요. 그리고 나만의 식사 방식을 딱 정해 두어야 합니다. 대안적인 식사나 운동 방법 등도 가지고 있으면 좋습니다.

마지막으로 심리적 보상도 매우 중요합니다. 큰 성취를 기대하지 말고 소소한 성공에 집중하세요. 그리고 소소한 성공이 하나씩 생길 때마다 스스로 칭찬하고 자신을 위한 보상을 준비하세요. 할 수만 있다면 보상도 잠시 미루었다가 주말 또는 월말에 의미 있고 가치 있는 것을 선물하는 것도 좋습니다. 여러분 모두 정신 승리가 아닌 행동 승리로 자신을 더욱 사랑할 수 있게 되기를 바랍니다.

## 불안은 마음이 아닌 입으로 털자

"저 사람은 어쩜 저렇게 말이 많니?"

"둘이 떠들면 대화고 혼자 떠들면 치매라던데, 쟤는 아픈 거야!"

말이 많은 사람은 외향적이거나 자기중심적이라고 알고 계시지요? 하지만 무조건 그렇다고 볼 수는 없습니다. 말이 많은 이들의 심리 상태는 크게 세 가지로 나눌 수 있습니다. 자아도취가 심하거나, 외롭거나, 불안하거나! 자아도취가 심한 경우는 대개 자신감이 있다기보다는 열등감을 감추기 위한 방어 기제로 말을 많이 합니다. 다음으로 외로운 사람은 배고프면 폭식을 하듯이 정서적 허기를 채우기 위해 소통을 하다 보니 말을 많이 하게 됩니다. 마지막으로 불안한 사람은 침묵을 불편하게 여깁니다. 자신이 말을 하지 않으면 상대가 자신에게 흥미를 잃거나 자신을 부정적으로 평가할 것이라는 두려움이 있습니다. 이런 불안과 외로움, 그리고 자아도취는 우리 모두가 가지고 있습니다. 정도의 차이가 있을 뿐이지요. 그렇다면 이런 것들을 잘 다룰 수 있는 방법은 무엇일까요? 바로 긍정성입니다.

긍정성은 인생 종합 선물 세트와 같습니다. 우선 긍정적인 사람들은 오래 살 수 있습니다. 긍정적인 사고가 수술 후 회복과 수명 연장에 긍정적인 영향을 미친다는 사실은 모두가 익히 알고 있지요. 어디 그뿐입니까. 말만으로도 우리의 정서가 바뀔 수 있습니다. 한마디로 무슨 말을 할지 선택할 수 있으니 정서도 우리의 선택이 될 수 있다는 것입니다. 좋은 말, 긍정적인 말은 얼마나 금쪽같은가요. 말은 늘 생각의 열매지요. 독일 철학자 하이데거의 말처럼 언어는 존재의 집입니다. 어떤 말을 하는지를 보면 그 사람이 어떤 사람인지, 또 어떤 생각을 하고 있는지를 쉽게 알 수 있습니다. 긍정적인 생각은 내면의 사고방식이나 상황을 낙관적으로 보게 하고 어려움 속에서도 긍정적인 면을 찾는 태도로 나타납니다. 그리고 자신과 상대방을 희망적으로 격려하는 메시지를 통해 외부로도 표현되는 거죠. 자신의 내부로 향하는 긍정적 생각과 외부로 향하는 긍정적 말은 상황을 긍정적인 방향으로 이끌어 나가는 데 중요한 역할을 합니다.

한편 위기 상황에서 다른 사람을 붙잡고 이런저런 말을 하는 이들도 있고, 혼자 고민하며 상상하는 이들도 있지요? 이 중에 어떤 사람이 더 위태로운 사람일까요? 이와 관련된 연구를 보면 부정적인 상황에서 혼자 생각을 곱씹은 집단이 주변에 상황을 설명하고 이야기를 나눈 집단보다 높은 불안감을 느꼈다고 합니다. 불안함을 말로 내뱉으면 더 불안해지는 게 아닌가 싶지요? 하지만 말을 하는 행위 자체가 스트레스를 줄이고 불안을 완화하는 데 확실히 도움이 됩니다. 불안할 때의 심정은 마치 불덩이를 끌어안고 있는 것과 같습니다. 혼자서 감정을 억누르고 있으면 불이 점점 몸집을 불리면서 사람까지 잡아먹지요. 그러나 누군가에게 털어놓으면 문제가 해결되지 않는다 해도 이전보다 마음이 가벼워집니다. 때로는 상황을 공유하는 것만으로도 심리적 해방감을 경험할 수 있는 거죠.

불안한 감정을 말로 표현하면 감정이 더 명확하게 정리됩니다. 불안은 추상적인 감정이라 모호하고 막연한데다 복잡하기까지 하죠. 그러나 이를 구체적인 말로 풀어내다 보면 생각이 정리가 되면서 문제의 본질을 더 명확하게 파악할 수 있습니다. 예를 들어 내 남편이 나를 사랑하는지, 혹시 떠나지는 않을지에 대한 유기 불안은 참으로 막막합니다. 그런데 자신의 상황과 마음을 말하다 보면 그 원인을 발견하게 되고, 실제로 걱정해야 할 부분과 그렇지 않은 부분을 구분하게 되는 것이지요. 불안을 표현하면 심적 고립감도 줄일 수 있습니다. 불안을 겪는 사람은 세상에 홀로 남겨진 것 같다고들 말합니다. 자신이 혼자라고 느끼며 다른 사람은 자신을 전혀 이해하지 못할 것이라 말하죠. 하지만 누군가에게 자신의 감정을 털어놓고 대화를 하다 보면 '아, 나만 이런 게 아니구나'라는 안도감을 느끼게 됩니다. 입에서 나간 감정은 말로 정리가 되면서 심리적 안정과 위로를 줍니다.

다른 사람과 불안에 대해 대화를 나누는 것은 새로운 관점을 얻는 데도 도움이 됩니다. 사람은 자기 고통이 늘 100점 만점에 100점이라고 생각합니다. 그만큼 불안이라는 상태는 주관적인 경험입니다. 내 속에서 불안이 거대한 괴물이 되는 것도 순식간이죠. 그러나 다른 사람과 이야기를 나누면 그들의 반응이나 조언을 통해 문제를 전혀 다른 시각에서 바라볼 수 있습니다. 생각보다 내 문제가 별것 아니었다거나, 별것 아니라 생각했던 일이 급히 해결해야 할 일이었다는 것을 알게 되죠. 상상 속에서 지은 불안의 집이 훨씬 더 위험합니다. 그래서 옛 어른들이 병을 자랑하곤 했나 봅니다. 자, 그러니 불안할 땐 온 맘 다해 떠듭시다.

그렇다면 어떤 사람과 대화하는 게 좋을까요? 긍정적인 사람을 만나 대화하는 걸 추천합니다. 긍정적인 사람들은 긍정적인 정서를 가지고 있어요. 긍정적인 정서는 단순히 좋은 감정을 느끼는 것에서 그치지 않고 더 넓게 진화합니다. 또한 부정적인 사고를 완화하고 나아가 평정 상태를 유지하게 하면서 행복감과 만족감, 인지적 유연성을 가져다 줍니다. 인지적 유연성은 새로운 환경이나 모험적인 상황에서 어떤 목표를 달성해야 할 때 자신의 접근 방법을 다양화하여 대안적 행동과 해결책을 찾는 능력을 말합니다. 이때 긍정적인 정서와 인지적 유연성은 몸과 마음에 긍정적인 영향을 끼칩니다. 각각의 상황을 부정적으로 바라보며 포기하는 것이 아니라 긍정적인 측면을 바라봄으로써 다양한 해결책을 모색할 수 있기 때문입니다.

불안할 때 긍정적인 상상을 하는 것도 좋습니다. 심리치료 분야에서 긍정적인 상상은 스트레스를 줄이고 정신 건강을 위해 많이 사용합니다. 대표적으로 시각화 기법이 있습니다. 시각화 기법은 특정 목표나 상황을 생생하게 상상하는 방법입니다. 자신이 편안한 장소에 있다고 상상하면 스트레스 호르몬인 코르티솔 수치가 감소하고 몸과 마음이 이완되는데, 이를 통해 마음과 몸의 연결을 강화하는 겁니다. 운동선수들이 경기 전에 승리하는 모습을 상상하거나, 암 환자들이 자신의 몸이 치유되는 모습을 상상하는 것이 대표적인 시각화의 예입니다. 이러한 시각화 기법은 실제 성과나 회복력을 높이는 데 도움이 됩니다.

 불안을 낮추고 싶다면 입을 여세요. 대화하면서 불안의 원인을 확인하고 생각을 정리하면서 안정감을 얻게 될 겁니다. 그리고 긍정의 말을 시작하세요. 불안의 자리를 긍정적인 상상이 채워 나가기 시작할 겁니다. 긍정의 안정과 기쁨을 만끽해 보세요.

# 질투를 태워 성공의
# 폭죽을 터트려라

"질투는 나의 힘!" 들어 본 적 있는 문구지요? 여러분, 질투가 생존 감정이란 걸 아시나요? 우리 대부분은 질투를 하면 마음이 불안해지거나 자존감이 바닥까지 떨어집니다. 질투는 매우 복잡한 감정이지만 분명한 건 열등감과 깊게 연관된 감정이며 종종 손상된 자아에서 비롯되기도 합니다. 질투는 자신이 부족하다고 느낄 때 다른 사람과 나를 비교하면서 발생하는데, 일단 시작되면 멈출 줄 모르는 파괴적이고 부정적인 감정입니다. 특히 자존감이 낮을수록 더 강하게 나타납니다. 때로는 스스로를 인정하지 못하는 상태에서 에너지를 얻어서 존재를 잡아먹을 만큼 커지기도 하죠.

질투와 부러움은 겉으로 보면 비슷해 보이지만 그 감정의 초점과 본질에서 차이가 납니다. 일단 부러움은 다른 사람이 가진 것을 내가 원할 때 느끼는 감정입니다. 예를 들어 친구가 원피스를 샀을 때, 그 옷을 보고 나도 저런 옷 갖고 싶다고 느끼는 것은 부러움입니다. 반면 질투는 타인에 대한 부러움뿐 아니라 자신이 가진 것을 다른 사람에게 빼앗길 것에 대한 두려움을 포함하는 감정이죠. 그래서 질투는 세 명 이상의 관계에서 주로 발생합니다. 자신이 소유한 것이 위협받고 있다는 불안에서 시작되는 것이죠. 예를 들어 연인이 다른 사람과 가까워지는 것을 보고 내 연인을 빼앗길까 봐 불안해하는 감정도 질투에 포함됩니다.

질투와 부러움의 차이점이 또 있습니다. 질투는 다른 사람의 성공이나 행복을 위협으로 느끼고, 이를 몹시 부정적으로 받아들입니다. 바로 이때 열등감이 질투의 핵심적 원인이자 에너지로 작동하죠. 자신보다 나은 사람에 대한 공격성으로 표출되기도 합니다. 사회적 비교와 서열

의식이 있고, 내가 상대적으로 낮은 위치에 있다고 느끼면 질투는 불이 되어 온 관계를 태워 버리게 되죠. 그 이름이 질투건 열등감이건 개인의 자존심이 상처를 입었을 때 발생하는 감정이 통제되지 않아 행동으로 이어진다면 관계는 이미 끝장났다고 보셔도 좋습니다.

하지만 때로는 질투의 에너지가 성공의 에너지가 되기도 합니다. 질투의 심장을 가진 사람은 성취 수준이 높기 때문에 목표를 달성할 확률이 높습니다. 질투는 일종의 손상된 열등감이지만 이 열등감을 잘 통제하기만 한다면 엄청난 승부 에너지로 쓸 수도 있죠. 열등감을 긍정적인 에너지로 활용하기 위해서는 열등감이 누구한테나 있는 일반적인 감정이라는 사실을 인식해야 합니다. 예쁘고 날씬한 사람은 열등감이 없을 것 같지만 그도 자신보다 더 예쁘고 날씬한 사람을 만나게 될 것입니다. 우리나라처럼 비교 문화 사회에서는 더 그럴 수밖에 없어요. 1등도 행복하지 않은 나라에서 열등감은 모두의 머리 위에 올라앉아 있습니다. 그러니 열등감을 가졌다고 해서 너무 자책하지 않아도 됩니다. 내 속에 있는 열등감을 부정하거나 억누르기보다는 자연스러운 감정으로 받아들이는 게 중요합니다. 일단 열등감을 인정하면 불안이 줄어들고 마음이 살짝 편해지죠. 열등감을 긍정적인 방향으로 전환할 수 있는 기반이 마련되는 겁니다. 열등감은 자신이 부족하다고 느끼는 부분에서 발생하기 때문에 자신의 결핍을 명확히 인식하는 게 중요합니다. 예를 들어 다른 사람의 성공이나 능력을 보고 열등감을 느낀다면, 그 감정은 내가 그 분야에서 더 발전하고 싶다는 신호일 수 있죠. 부러움으로 끝나는 것이 아니라 그 열망을 읽어야 합니다. 열등감을 통해 원하는 목표와 욕구를 더 명확히 파악할 수 있는 거지요.

모두에게 열등감이 있다는 걸 인식한 다음엔 체력을 길러야 합니다. 갑자기 체력이라니 놀라셨나요? 감정을 감정으로만 다루면 에너지가 바닥납니다. 감정을 다루고 자신을 변화시키는 모든 과정에는 에너지가 필요합니다. 나를 불태우는 열등감이 심장을 가득 채우고 있다면 무조건 몸을 움직이세요. 열등의 감성이 불면과 악한 상상을 일으키기 때문이죠. 생각이 많을 땐 몸을 믿고 의지하세요. 단단한 신체는 단단한 마음의 근육도 만들어 냅니다. 움직이며 에너지를 건강하게 분산하고, 운동하며 내 몸에 대한 자신감을 높이고, 체력을 기르면서 나의 성취를 확인하고, 자신감을 확장해 보세요. 단단한 몸이 확신과 관대함을 주면서 마음의 열등감을 이기도록 도울 겁니다. 나의 열등감을 스스로 의식하고 '그래, 나는 이런 부분에서 저 친구에게 열등감을 가지고 있지. 그래도 나에게는 다른 재능이 있으니까 뒤처진다고 생각하지 말아야지'라고 생각해 보세요. 불덩이 같은 열등감이 의식화되면서 방을 덥히고 물을 끓이는 에너지가 될 겁니다. 열등감의 동아줄에서 스스로를 자유롭게 만들어 주세요. 감정의 롤러코스터가 아닌 몸의 롤러코스터를 기쁨으로 타시기 바랍니다.

열등감을 성장의 동력으로 만들기 위해서는 구체적인 목표를 설정하고 행동으로 옮기는 것도 필요합니다. 목표를 향해 행동 에너지를 집중하는 것이지요. 열등감이라는 위치 에너지를 운동 에너지로 변환하는 겁니다. 그래야 열등감이 나를 억누르는 감정이 아니라 나를 앞으로 나아가게 하는 발전의 원동력이 됩니다.

요즘은 옆 사람뿐만 아니라 SNS에 올라오는 수많은 사진과 글도 나의 비교 대상이 되어 열등감을 펌프질합니다. 그러나 기억하세요. SNS는 백화점 쇼윈도 같은 것이라 좋은 것만 올라오고 연출된 것이 대부분입니다. 거기다 요즘은 사진도 뷰티 앱을 써서 실제와는 다른 사진이 인스타그램이나 페이스북에 올라와 있습니다. 이처럼 어떤 기술을 썼는지, 어디까지가 진짜인지 알 수 없는 것들과 비교하지 마세요. 그 사람이 소유한 것을 부러워하지 말고 인품을 부러워하세요. 무엇보다, 비교를 하려면 잘 알지도 못하는 남과 비교하지 말고 과거의 나와 현재의 나를 비교하세요. 그러면 스스로 성장을 확인하기 쉽습니다. 자존감도 높이고, 열등감에 휘둘리지도 않게 되지요.

이제부터 타인이 소유한 것이 아닌 인품을 부러워하고, 타인보다는 나의 과거와 현재의 나를 비교하고, 자신에게 긍정적으로 말을 걸고 작은 성취에도 칭찬하는 습관을 들이는 것이 중요합니다. 자존감을 높이고, 부질없는 열등감이 나를 지배하지 않도록 하는 데 큰 도움이 되니까요.

## 반듯한 마음은
## 꼿꼿한 허리에서 시작된다

헨리 나우웬Henri Nouwen은 《영적 발돋움》이라는 책에서 스스로를 환대할 때에야 비로소 타인을 환대할 수 있다고 강조했습니다. 이는 '자기 환대'라는 개념으로, 나와 타인을 있는 그대로 인정해 주어야 새롭고 창조적인 일이 일어날 수 있다는 겁니다.

이는 무조건적인 환대를 의미하는 것은 아닙니다. 타인의 요구에 모두 응해야 한다는 것은 아니지요. 단지 내 삶의 의미를 찾아야 상대방을 의미 있는 존재로 이해하고, 내게 온 호의적인 이방인인 손님도 맞이할 수 있고,

나를 침범하는 악의적인 이방인인 적도 바라볼 수 있다는 것뿐입니다.

한편 이러한 자기 환대를 경험하지 못한 채 삶에서 배척되고 배제되어 투명 인간 또는 그림자처럼 살아가는 사람들이 있습니다. 저는 이처럼 어디에도 내 자리가 없다고 느껴지는 감정을 '부적절감'이라고 부릅니다. 어떤 옷을 입어도 다 내 옷이 아닌 것 같고, 누구와 만나도 내가 그 자리에 있으면 안 되는 것 같고, 내가 머문 시공간이 내가 없어도 잘 돌아가는 것 같은 느낌이 든다면 전적으로 '부적절감' 때문입니다. 존재하고는 있지만 머물 수는 없는 것이지요. 이런 방랑자들에게 어떻게 자기 환대가 가능하겠습니까?

나를 환대하기 위해 스스로 칭찬도 하고, 자존감을 높이는 책을 수십 권 사서 읽으며 공부하신 분도 있을 겁니다. 다들 자존감 혹은 어린 시절의 애정 결핍이 문제라고 하는데 그것만이 원인은 아닙니다. 1등만 좋아하는 비교 지옥 속에서 살아야 하는 우리는 사회의 구조적인 가스라이팅에 노출되고 있습니다. 그렇다면 어떻게 해야 할까요? 사회 구조를 바꿀 수는 없지만 삶을 변화시키는 몇 가지 기술을 적용해 볼 수는 있습니다. 부적절감이라는 감옥 속에 살고 있는 분이라면 지금부터 눈을 동그랗게 뜨고 보시기 바랍니다.

첫째, 허리와 어깨를 펴세요. 마음을 펴기 위해 허리와 어깨를 펴야 하는 이유는 신체 자세와 감정 상태가 밀접하게 연결되어 있기 때문입니다. 어깨가 구부정하거나 움츠러들면, 자신감이 떨어지고 심지어 부정적인 감정과 연결됩니다. 예를 들어 슬픔이나 불안, 우울한 상태에서는 자연스럽게 어깨가 앞으로 말리고 몸을 웅크리게 됩니다. 반대로 어깨를 펴고 가슴을 확장하면, 신체적으로 더 개방적인 자세가 되면서 자신감을 높이고 긍정적인 감정을 유도할 수 있습니다.

어깨를 펴는 것은 단지 신체적인 변화만을 의미하는 게 아닙니다. 심리적 안정감과 평온함을 가져오는 데도 중요한 역할을 합니다. 어깨를 펴고 바른 자세를 유지할 때 호흡이 원활해지고 신경계가 자극되면서 마음의 긴장이 풀어지는 효과가 있습니다. 바른 자세는 자세 교정뿐만 아니라 기분과 인지 능력에도 긍정적인 영향을 미쳐 더 진취적이고 긍정적인 사람이 되게 하니, 신체 교정은 마음 교정이라고 할 수 있습니다.

많은 분이 마음이 자세를 만들어 준다고 하는데, 엄밀히 말하자면 자세가 마음을 만듭니다. 좋은 일이 좋은 자세를 가져다 주는 게 아니라 좋은 자세가 좋은 일을 가져다 줍니다. 몸의 자세가 삶의 자세인 거지요. 당장 허리와 어깨를 펴세요! 가슴도 당당하게 앞으로 내밀고 다니세요. 전에는 알지 못했던 자신감이 차오르기 시작할 겁니다.

둘째, 분명하고 당당하게 타인을 대하세요. 지금 내 앞에 있는 사람이 내가 연간 1억 원씩 주고 고용한 사람이라고 생각해 보세요. 하대하라는 게 아닙니다. 인격적으로 대하되 자신 있게 대하라는 말입니다. 내 연봉이 200억 원이라고 생각해 보세요. 아쉬울 게 뭐가 있겠습니까? 자신감이 꽉 찬 사람들, 늘 자신이 뭔가 해낼 듯 말하는 사람들을 살펴보세요. 우리는 그의 말보다는 그의 자신감에 짓눌립니다. 내가 당당해진다면 사람들은 내 연봉이 200억 원이라고는 절대 생각하지 않을지라도 나의 자신감이 200억 원짜리라 생각할 겁니다. 분명해요.

당당하게 상대방을 대하는 것은 나의 감정과 의견을 명확하게 표현하도록 돕습니다. 또한 자신에 대한 신뢰를 높이는 데도 도움이 됩니다. 장기적으로 더 긍정적인 자아상을 만들어 줍니다. 젊으나 나이가 많으나 당당해야 합니다. 당당한 태도는 스트레스와 불안을 줄이는 데도 효과가 있습니다. 자신의 입장을 명확히 밝히고 타인의 요구에 무조건적으로 따르지 않게 되니 과도한 책임감이나 억눌린 감정에서 오는 스트레스를 줄일 수 있죠. 또한 당당하게 대처함으로써 불필요한 갈등을 예방하고 감정적인 부담을 덜게 됩니다.

당당한 태도는 갈등 해결 능력을 향상시키기도 합니다. 당당한 태도를 유지하면 머리도 좀 더 잘 돌아가고 자신감과 용기도 생깁니다. 문제를 회피하지 않고 직접적으로 다루는 태도를 갖게 되니 작은 문제가 큰 갈등으로 번지는 것을 막고, 서로의 입장을 이해하고 조율하면서 더 나은 해결책을 찾게 되죠. 상대에게 긍정적인 인상도 남기면서 어쩐지 내가 좀 더 똑똑해지는 기분도 들 겁니다.

셋째, 머리를 잘 다듬고 옷을 갖춰 입으세요. 그렇게만 해도 자신감이 올라갑니다. 깔끔하게 정돈된 자신을 거울에 자주 비춰 보고 자신에게 소리 내어 말하세요. '자, 오늘 스타일 좋다. 오늘은 잘 될 거야' 하고 말이에요. 쭈그리고 앉아 있으면 누가 밥 먹여 주나요? 스스로 선택하는 겁니다. 내 삶의 주인은 나니까 상황의 주인이 되어야죠. 그렇게 생각하면 마음도 편해지고 훨씬 관대해집니다.

 이보다 더 많은 기술이 있지만 일단 위의 세 가지만 해 보세요. 나의 열등감, 나의 부적절감을 이기지도 못할 정신력에 맡기지 말고 행동으로 새롭게 전환해 보세요.

4장

# 이제 나는
# 신바람 나게 살기로 했다

## 놀 줄 아는 사람은
## 혼자서도 재밌다

"야, 놀고 싶은데 도대체 뭘하며 놀아야 되냐?"

"난들 아냐! 여행 가자니 다리가 아프고, 책을 읽자니 눈이 안 보이고, 공부를 하자니 머리가 안 돌아간다!"

모여서 이런 말씀 많이들 하셨지요? 취미를 가지라는 전문가의 말을 듣고 여기저기 기웃거렸지만 뾰족한 결과가 없었을 겁니다. 앞으로 살아갈 긴 여가의 시간을 어찌할까 걱정이시지요? 그래서 혼자서도 잘 노는 연습을 해야 합니다. 물론 젊으나 나이 드나 인간은 혼자서도 잘 놀고 다른 사람들과도 잘 놀아야 합니다. 그런데 혼자서

노는 방법은 나이가 들수록 중요해집니다. 왜냐고요? 나이 들면 내 주변을 구성하는 사람이 적어집니다. 이젠 함께 놀고 싶어도 상대방이 바쁘거나 아프거나 죽었거나 셋 중에 하나예요. 심지어 배우자와 자식들도 나랑 안 놀아 줍니다. 그러니 지금부터라도 혼자서 잘 놀 수 있도록 장치를 마련해야 합니다. 이 장치는 다양하면 다양할수록 좋습니다. 저는 이걸 자기 복합성 self-complexity 이라고 부릅니다.

자기 복합성은 개인이 자신의 정체성을 구성하는 여러 가지 측면이 얼마나 구체적이고 독립적으로 존재하는지를 설명하는 심리적 구조로 사람마다 다릅니다. 자기 복합성이 높으면 내가 가진 다양한 사회적 역할, 관계, 활동, 목표 등을 손가락을 꼽으며 말할 수 있습니다. 예를 들어 한 사람이 직장에서의 역할, 가정에서의 역할, 친구 관계에서의 역할을 각각 다르게 인식하고 있다면, 그 사람은 자기 복합성이 높다고 볼 수 있습니다.

자기 복합성이 높은 사람은 특정한 하나의 자아상이 위협받거나 부정적인 사건에 휘말리더라도 다른 자아상이 이를 보완해 주기 때문에 심리적 타격을 덜 받습니다.

예를 들어 직장에서 실패를 경험하더라도 가정이나 친구 관계에서 긍정적인 자아상을 유지할 수 있다면 스트레스에 대한 강한 저항력이 생기죠. 게다가 자기 복합성이 높은 사람은 다양한 상황에 맞춰 자신의 역할과 태도를 유연하게 변화시킬 수 있습니다. 때문에 적응도 잘하고, 소속감도 강하게 느끼죠. 반대로 자기 복합성이 낮으면 자신의 정체성을 몇 가지 제한된 자아상에만 의존하기 때문에 특정 영역에서 문제가 발생하면 쉽게 스트레스를 받고 자존감이 하락합니다. 벌어진 일이 다른 관계에도 지속적으로 영향을 미치죠. 예를 들어 직장 생활에만 몰두하고 다른 자아상이 부족한 경우 직장에서의 실패를 인생의 실패라고 느낄 수 있습니다.

**자기 복합성은 높을수록 좋습니다.** 자기 복합성은 개인이 다양한 자아상을 가지고 있을 때 스트레스와 부정적인 감정으로부터 자신을 보호하는 중요한 심리적 자원으로 작용하기 때문이죠. 그래서 저는 자기 복합성을 기쁨의 다채로운 창구라고 부릅니다. 기쁨의 창구라는 건 여러 가지가 있을 수 있습니다. 이를 테면 친구의 기쁨, 가족의 기쁨, 직장의 기쁨, 종교 생활의 기쁨, 취미의 기쁨

등 다양할 수 있죠. 친구의 기쁨이 훼손된다고 해서 가족의 기쁨이나 직장의 기쁨이 사그라들지 않죠. 오히려 친구에게 받은 상처와 고통을 가족이나 직장, 취미, 종교 단체가 치유할 수 있으니까요. 그러니 역할을 다양하게 나누고, 기쁨을 느낄 수 있는 요인을 많이 만들어 두라고 추천하고 싶습니다.

그런데 퇴직한 분들께 요즘 뭐 하고 지내시냐고 물으면 보통 아무것도 안 한다고 이야기합니다. 평생 일하고 애들 챙기고 가족 챙기다가 어느 순간 할 일이 없어진 거죠. 만년 백수인 겁니다. 시간이 많아도 놀 줄 모르는 분들이 많습니다. 놀아 본 적이 있어야 놀죠. 고기도 먹어 본 사람이 먹을 줄 아는 것처럼 노는 것도 놀아 본 사람이 놀 줄 압니다. 이렇다 보니 새로운 취미를 갖는 것도 막막하게 느껴질 겁니다. 어디에 가서 뭘 해야 하는지도 모르니까요. 동호회가 그렇게 많은데 어디 가서 찾아야 하는지도 모르죠. 또 내 마음에 맞는 사람이 있는지도 모르겠고, 막상 갔다가 사기라도 당할까 봐 두렵기도 할 겁니다.

사실 지금이 몇 살이건 상관없이 지금부터 시작해도 늦지 않습니다. 왜냐하면 100세 시대를 넘어서 120세 시대를 살고 있으니까요. 부담 갖지 말고 아주 짧게 앞으로 10년 정도만 놀 준비를 해야겠다고 생각해 보세요. 여유를 가지라는 얘기입니다. 그러면 당장 내가 혼자 무언가를 해야 한다는 압박감이 없어집니다. 왜냐면 이제부터 계획을 세우면 되니까요. 그때부터 나만의 놀이가 시작되는 거예요.

놀이를 시작하는 방식에는 여러 가지가 있는데 가장 쉽게 시작할 수 있는 건 버킷 리스트 작성입니다. 내가 죽기 전에 해 보고 싶은 것들을 적는 거죠. 그런데 버킷 리스트를 쓰기 전에 미성취 과제를 먼저 써 보세요. 예전에 하려고 했지만 하지 못했거나 아직 이루지 못한 생애 과제들을 한번 적어 보는 겁니다. 한마디로 아쉬움이 남는 과제부터 적어 나가는 거지요.

버킷 리스트를 적을 때는 인터넷 검색 등을 통해서 다른 사람의 목록을 참고해도 좋습니다. 아는 만큼 보인다고 하니까요. 어떤 사람들은 수백 가지를 적습니다. 그중에 마음에 드는 것을 골라 나만의 버킷 리스트를 만들어 봅시다. 다 적었다면 우선순위를 정해야 합니다. 가장 먼저 하고 싶은 것 또는 나중에 해도 괜찮은 것을 분류하고, 그다음에는 장기적으로 해야 할 것과 단기적으로 해야 할 것을 분류합니다. 그리고 오늘 당장 할 수 있는 것, 이번 주에 할 수 있는 것, 이번 달에 할 수 있는 것, 3개월 또는 6개월이나 1년 안에 할 수 있는 것으로 분류합니다. 그러다 보면 세부 항목으로 나눠질 겁니다. 내 몸에 관한 것인지, 내 정신에 관한 것인지, 아니면 나의 능력을 향상시키는 것인지 말이에요. 성취할 때는 각각의 항목을 섞어 골고루 성취하는 것이 좋습니다. 다양하면 다양할수록 일상이 충만하고 다채로워집니다. 단, 이 항목들을 구축할 때 몸 상태를 반드시 고려해야 해요. 예컨대 무릎에 관절염이 있으면 세계 일주 같은 건 엄두도 못 내잖아요. 그다음에는 재정 상태를 고려해야 하고, 혼자 할 수 있는 것과 함께 할 수 있는 것도 구분해야 합니다. 이렇게 여러 기준을 갖고 분류하다 보면 할 수 없는 게 생각보다 많아집니다. 그럼에도 포기하지 말고 그 가운데에서 할 수 있는 것을 찾아내야 합니다.

취미에 대해 말하자면, 미하이 칙센트미하이<sup>Mihaly Csikszentmihalyi</sup>가 말하는 '몰입<sup>flow</sup>'을 빼놓을 수 없죠. 그는 사람들이 몰입을 통해 더 행복하고 충만한 삶을 살 수 있다고 말합니다. 취미 활동도 이러한 몰입 경험을 제공할 수 있다고 보죠. 칙센트미하이에 따르면 능동적 여가를 통해 몰입을 경험할 가능성이 높다고 합니다. 능동적 여가는 운동, 악기 연주, 미술, 달리기 등 집중력과 노력을 요하는 활동을 말합니다. 이런 활동은 처음에는 어느 정도 집중력이 필요합니다. 하지만 시간이 지날수록 몰입 상태에 도달하게 되죠. 일종의 무아지경을 경험하면서 나만의 성취감과 행복감을 느낄 수 있습니다.

이때 취미는 단순히 시간을 보내는 활동이 아니라 몰입을 통해 심리적 만족과 성장을 이끌어 내는 핵심 요소입니다. 취미 활동에 집중할 때, 활동 자체에 몰두하게 되어 외부의 스트레스나 불안에서 벗어날 수 있습니다. 특히 달리기와 같이 목표를 설정하고 달성해 나가는 취미는 그 과정에서 몰입을 경험할 수 있기에 심리적 안정감과 성취감을 동시에 느끼게 합니다.

도전과 집중이 요구되고, 이를 통해 더 깊은 몰입과 행복을 경험하는 능동적 여가와 달리 수동적 여가는 심리적 만족도가 낮습니다. 수동적 여가는 특별한 노력 없이 여가 시간을 보내는 것을 말합니다. 예를 들면 텔레비전 시청이나 유튜브 시청 같은 거죠. 칙센트미하이에 의하면 사람들은 수동적 여가에서는 진정한 행복을 느끼지 못한다고 합니다. 수동적 여가는 일시적인 이완을 제공하지만 몰입 상태를 유도하지는 않기 때문에 장기적으로 심리적 만족도가 낮다는 거죠. 그의 결론은 취미를 통해 몰입을 경험함으로써 사람들이 더 행복하고 충만한 삶을 살 수 있다는 겁니다. 제가 보기에도 능동적인 취미 활동이 사람들에게 도전과 성취감을 제공하고 심리적 안정과 만족감을 얻게 하는 데 확실히 공헌합니다.

이렇듯 살아가면서 자기 자신을 다양한 역할로 구분하여 생각하고, 혼자 놀 수 있는 취미를 다방면으로 마련해 둔다면 우울의 구렁텅이로 빠지는 일을 예방할 수 있을 겁니다. 그러니 능동적 기쁨의 창구를 다양하게 만들어야 합니다. 하나의 창구를 열면 또 하나의 창구가 열릴 겁니다. 몸의 창구, 정신의 창구, 능력의 창구, 이런 식으로 창구들이 생겨나죠. 그러다가 한 창구가 막혀도 다른 창구가 있으니까 괜찮습니다. 자기 복합성이 삶의 만족도의 평균값을 올려줄 테니 말이죠. 예컨대 우리가 시험으로 두 과목 보는데 한 과목을 망치면 상황이 좀 심각해집니다. 그러나 여덟 과목을 시험 본다면 이야기가 달라집니다. 그중에 내가 잘하는 것도 있고 못하는 것도 있다면 한 과목의 점수가 낮더라도 평균값이 아주 많이 내려가지는 않으니까요.

이처럼 자기 복합성은 무한히 확장될 수 있고, 그 영역이 넓으면 넓을수록 자신감뿐만 아니라 생의 만족도도 높이고 스스로 잘 해낼 수 있다는 자기 효능감도 높아집니다. 이럴 때 기분이 참으로 좋아지지요. 혼자 있는 시간도 민끽하며 지기 복합성의 힘을 믿어 보자고요.

# 운동과 결혼의
# 평행 이론

 평생을 함께할 배우자를 만나기 위해 연애 기간을 거치면서 서로 알아 가고 맞춰 가는 시간을 갖듯이 운동도 마찬가지입니다. 오랜 시간을 함께할 나에게 맞는 운동을 만나기 위해서는 시간과 노력이 필요합니다. 운동의 필요성은 따로 말할 것도 없지요. 결혼은 해도 되고 안 해도 되지만 운동은 아닙니다. 운동이 필요하지 않은 사람은 아무도 없습니다. 앉아서 생활하는 시간이 많은 현대인들에게 운동이 필수인 것은 말할 것도 없지요. 운동을 하지 않는 현대인에게는 몸을 움직임으로써 일정 수준

이상으로 심박수가 오르고 호흡이 가빠질 일이 거의 전무합니다. 하지만 한 살 한 살 나이를 먹을수록 심폐 능력은 급격히 떨어집니다. 육체노동을 하는 사람도 운동이 필요한 것은 마찬가지입니다. 업무 중에 상대적으로 사용하지 않는 부위를 강화시키기 위한 운동과 업무 중 과도하게 사용하는 부위의 근육을 풀기 위한 운동이 필요합니다.

나에게 맞는 운동을 찾아서 꾸준히 실천하는 사람과 그러지 않은 사람의 삶의 질은 확연하게 차이가 납니다. 특히 중년 이후에는 그 차이가 더욱 확연해집니다. 단순히 신체 건강만의 문제가 아닙니다. 나에게 맞는 운동을 찾아서 즐길 수 있는 수준이 되면 그 운동은 하나의 취미가 됩니다. 수영, 사이클, 헬스, 러닝, 요가, 테니스, 등산 등 꾸준히 운동을 즐기는 사람들에게 운동은 인생의 활력소이자 기쁨이 됩니다.

물론 '인생 운동'을 찾는 일이 쉽지는 않습니다. 처음 시도한 운동이 운동의 강도, 재미, 시간적, 경제적인 여유 등 여러 측면에서 내게 딱 맞을 확률은 높지 않습니다. 운동 강도가 너무 세서 버겁다거나, 너무 재미가 없다거나, 왔다 갔다 이동 시간이 너무 많이 필요하다거나, 너무 많은 비용이 드는 등 여러 이유로 몇 달을 넘기지 못하고 관두게 되는 경우들이 흔합니다. 저도 어려서부터 태권도, 헬스, 에어로빅, 스쿼시, 요가, 복싱, 킥복싱, 골프, 수영 등 저에게 맞는 운동을 찾기 위해 많은 시도를 했습니다. 맞는 운동을 찾아 정착하지 못하고 몇 달 간만 보다가 끝나는 경우가 많았죠. 운동 유목민을 벗어나 지금의 수영과 요가, 헬스에 정착하기까지의 과정은 꽤나 길었습니다. '역시나 이것도 아닌가 봐. 내게 맞는 운동은 아예 존재하지 않는 건 아닐까? 나란 사람은 아예 운동과 맞지 않는 사람이 아닐까?' 실망하는 일이 늘어났고 부정적인 운동 경험이 쌓이면 한동안은 다시 시작할 의지가 생기지 않기도 했습니다. 여러분도 마찬가지일 겁니다.

제 환자분 중에도 과거의 부정적인 운동 경험으로 '나는 운동과 맞지 않는 사람'이라고 단정 지어 버린 분들이 많습니다. 무리해서 운동하다 다쳤던 경험, 다이어트 목적으로 억지로 운동했던 경험, 너무 힘들었던 PT 수업, 기존 회원들의 텃세와 늘지 않는 나의 실력 등 부정적인 운동 경험으로 운동과 담을 쌓게 된 분들 계실 겁니다. 하지만 이미 말씀드렸듯 현대인에게 운동은 필수입니다. 기대 수명도 길어진 마당에 오래도록 건강하고 즐거운 삶을 살기 위해서 운동은 타협할 수 없는 조건입니다.

물론 내게 안 맞는 운동을 억지로 붙잡고 있는 것도 문제지만, 운동의 참 매력을 알고 운동을 즐길 수 있는 수준이 되기 위해서는 시간이 필요합니다. 취미로 악기나 언어를 배우는 것과 마찬가지입니다. 피아노도 처음에는 악보 보는 방법부터 건반 자리를 익히는 지지부진하고 재미없는 과정을 지나야 내가 원히는 곡을 골라서 연주하게 되는 기쁨을 누릴 수 있게 됩니다. 언어도 기초 단어와 문법을 익혀야 외국인과 대화도 하고 여행에 가서 배운 것을 써먹는 재미도 느낄 수 있게 됩니다. 그러니 여러분도 꼭 시간과 노력을 투자하여 인생 운동을 찾으시기 바랍니다. 그 어떤 투자보다도 인생을 윤택하게 만드는 최고의 투자가 될 것입니다.

# 표준이라는
# 함정에 속지 마라

'모든 사람에게 적합한 표준 식단'이라는 것이 존재할 수 있을까요? 세상에는 다양한 식단이 존재합니다. 저탄고지 식단, 간헐적 단식, 며칠간 단백질 셰이크만 먹는 식단, 닭 가슴살과 현미밥만 먹는 식단 등 다양한 식단이 있지요. 건강을 위해서는 수많은 식단 중에서 나에게 적합한 식단을 찾아서 실천해야 합니다. 나에게 맞지 않는 식단은 건강해지려고 실천한 식단임에도 오히려 건강을 잃게 될 수 있습니다. 어떤 이가 누군가에게는 최고의 남편감일 수 있지만 또 다른 이에게는 최악의 남편감일 수 있듯이, 식단도 사람에 따라 건강에 좋을 수도 있고 나쁠 수도 있습니다. 조금 더 예시를 들어 볼까요?

여기 두 남자가 있습니다. 남자 A는 훤칠한 얼굴과 키를 가진 대기업 직장인입니다. 쾌활한 성격에 유머가 넘쳐 어떤 자리에 가도 자연스레 분위기를 이끌고 사람들과 쉽게 친해집니다. 당연히 친구도 많고 인맥도 넓습니다. 캠핑과 여행을 좋아하고 운동도 규칙적으로 합니다. 남자 B는 조용하고 부끄러움이 많지만 지적이고 신중한 성격의 의사입니다. 혼자만의 시간을 중요하게 생각해서 병원 근무 시간 외에는 주로 집에서 책을 읽거나 음악을 듣습니다. 동물을 좋아해 고양이 한 마리를 기르고 있습니다.

'둘 중에 어떤 남자가 여성에게 더 좋은 남자입니까?'

아마 제 질문에 대답하기 아주 곤란할 것입니다. 왜냐하면 절대적 비교가 어려운 대상을 두고 이분법적 비교와 선택을 요구하고 있기 때문입니다. 좋은 사람은 상대, 상황, 기준에 따라 너무나 주관적으로 평가가 달라질 수 있습니다. 특히 여성이 누구냐에 따라 같은 사람이더라도 좋은 남자가 될 수도 있고 아닐 수도 있습니다. 어떤 여성은 재미있고 쾌활한 성격의 남성을 선호할 수 있고, 다른 여성은 조용하고 수줍음이 많은 성격의 남성을 선호할 수 있습니다. 또한 '무엇에' 좋은 남자인지 알 수 없습니다. 한 명의 여성을 기준으로 고른다고 하더라도 연애하기에는 남자 A가 좋은 남자일 수 있고, 결혼하기에는 남자 B가 좋은 남자일 수 있습니다.

식단도 마찬가지입니다. 저탄고지 식단, 간헐적 단식, 단백질 식단 등 다양한 식단 중 무엇이 더 건강에 좋고 얼마나 중요한지는 대상과 목적에 따라 달라집니다. 여기서 대상은 나이, 연령, 성별, 키, 체중, 기저 질환, 먹는 약, 평소 생활 습관 등과 같은 굉장히 다양한 요인을 포괄해서 고려해야 하며, 체중 감량, 근육량 및 근골격계 건강 관련 목적, 만성질환 및 암과 같은 질환의 예방과 관리 목적, 노화 방지 등 주된 목적과 부작용 가능성을 함께 고려해야 합니다.

각각의 식단 모두 장단점이 있고, 개개인에 따른 효과와 부작용이 다르기에 표준화된 식단 중 무엇이 최고라고 고를 수도, 하나의 식단만을 추천할 수도 없습니다. 언젠가 시간이 흐르면 인공 지능이 수백, 수천 가지 요인을 종합적으로 판단하여 개인에 맞는 맞춤형 식단과 처방을 내 주는 날이 오겠지요? 그 전까지 기다리기만 할 수는 없으니 자신에게 어떤 방식이 맞는지 저와 함께 고민해 봅시다.

예를 들어 체중 감량을 목적으로 식단 관리를 하는 두 사람이 있다고 가정하고, '하루 16시간 공복 간헐적 단식'과 '단백질 비중을 늘린 칼로리 제한식' 중에 어떤 방식이 적합할지 선택해 봅시다.

A는 키는 180cm에 몸무게는 100kg(BMI 30.86)인 35살 남성입니다. 직업은 IT 회사 사무직이며 일이 바빠서 운동할 시간도, 의지도 없습니다. 혼자 자취하는 미혼 남성이고, 식사는 대부분 점심, 저녁 모두 회사에서 먹습니다. 출근은 아침 8시, 퇴근은 야근이 잦아 집에 오면 저녁 8~9시인 경우가 많습니다. 며칠 전 건강 검진에서 지방간과 고혈압, 고중성 지방혈증, 당뇨병의 전단계 진단을 받았습니다. 아버지가 심근경색으로 돌아가셨기 때문에 본인도 혈관 건강이 특히 걱정입니다.

B는 키는 160cm에 몸무게는 60kg(BMI 23.44)인 58세 여성입니다. 직업은 주부이고, 매일 한 시간 수영을 하고

걷기 운동을 합니다. 외식을 하거나 배달 음식을 시켜 먹는 일은 거의 없고 본인이 요리한 한식 위주로 식사하고 있습니다. 아침은 남편이 출근하기 전인 아침 7시에 먹고, 점심은 거르거나 떡이나 빵 같은 간식으로 해결합니다. 저녁은 남편 퇴근 후 저녁 7시경에 하고 있습니다. 먹는 양이 많지도 않은 것 같고 운동도 규칙적으로 하는데 폐경 이후 자꾸만 살이 쪄서 고민입니다. 골다공증으로 6개월마다 주사 치료를 하며, 매일 칼슘과 비타민 D를 복용 중입니다. 혈액 검사에서 약 먹을 정도는 아니지만 LDL-콜레스테롤이 높다고 들었고, 당뇨병의 전단계를 진

|  | A | B |
|---|---|---|
| 신상 | 180cm/100kg (BMI 30.86), 35살 미혼 남성 | 160cm/60kg (BMI 23.44), 58세 기혼 여성 |
| 직업 | IT 회사 사무직 | 주부 |
| 운동 | X | 매일 1시간 수영, 걷기 운동 |
| 식사 | 주로 회사에서 해결 | 아침/저녁: 한식 위주<br>점심: 거르거나 떡, 빵 등 간식으로 해결 |
| 건강 | 지방간, 고혈압, 고중성 지방혈증, 당뇨병의 전단계 진단 | 골다공증, 매일 칼슘과 비타민D 복용, LDL-콜레스테롤 높음, 당뇨병의 전단계 |
| 고민 | 심근경색 가족력으로 혈관 건강이 걱정 | 폐경 이후 살이 찜 |

단받았습니다.

여러분이라면 두 사람에게 어떤 방식의 식단을 추천하시겠습니까? 저라면 A에게는 '16시간 공복 간헐적 단식'을, B에게는 '단백질 비중을 늘린 칼로리 제한식'을 추천하겠습니다. 저와 답이 다르다고 실망할 것 없습니다. 엄밀히 말하면 정해진 정답은 없으니까요. 전문가로서 지식과 경험을 토대로 권장하는 방법이 있을 뿐, 개인마다 효과적이고 꾸준히 실천할 수 있는 식단과 다이어트 방법은 예상과 다를 수 있습니다.

저의 선택의 이유를 설명드리자면 다음과 같습니다. 먼저 A의 경우 BMI[02]가 30.86으로 비만의 정도가 심합니다. 최근에 지방간, 고혈압, 고중성 지방혈증, 당뇨병의 전 단계 진단을 받았으며 심혈관계 질환 가족력이 있습니다. 따라서 체중 감량 및 체지방 감량이 무엇보다 절실한 상황입니다. 그리고 젊은 남성이기 때문에 중장년층의 여성에 비해 골감소증, 골다공증의 염려가 적습니다. 다이어트를 하며 단백질 부족으로 인해 근육량이 줄어드는 것

---

[02] 대한비만학회에서는 BMI가 23-24.9kg/m²인 경우 과체중, BMI가 25kg/m² 이상인 경우부터 비만으로 정의하고 있습니다.

을 걱정하기보다 체중과 체지방을 빼는 것이 우선순위입니다. 또한 혼자 사는 미혼 남성으로 식사는 거의 외부에서 해결하므로 본인이 다이어트 식단을 구성하고 이를 준비해 먹는 것보다는 단순하게 먹는 시간을 제한하는 방식이 훨씬 실천하기 용이합니다. 실제로 많은 연구에서 칼로리를 제한하는 다이어트 방식보다 먹는 시간을 제한하는 '시간 제한 식이TRE: time restricted eating' 방식이 사람들이 꾸준히 실천하는 데에 도움이 된다는 것이 확인되었습니다. 칼로리를 제한하는 방식은 음식을 먹을 때마다 칼로리를 계산하는 일이 번거롭고 정확한 계산도 어렵습니다. 반면에 먹는 시간을 제한하는 방식은 시계만 볼 수 있다면 누구나 가능합니다. 또한 정해진 공복 시간 외에는 음식의 종류와 양에 상관없이 먹을 수 있으므로 도시락을 싸거나 다이어트용 식사를 따로 준비할 필요도 없습니다. 요리하지 않는 혼자 사는 남성도 특별한 어려움 없이 실천할 수 있는 거지요.

A는 점심 식사와 저녁 식사를 회사에서 해결하는 날이 많다고 했으니 저녁 7~8시에 저녁을 먹고 단식을 시작해서 다음 날 아침을 거르고 오전 11시 이후에 점심

식사를 하면 16시간 공복을 유지할 수 있습니다. 만약 회식이나 저녁 약속이 있어서 전날 늦은 시간까지 먹었다면 다음날 아침과 점심을 거르고 마지막으로 음식을 섭취한 지 16시간이 넘은 시점부터 먹으면 됩니다. 회식이나 모임 같은 사회생활로 인해 다이어트가 어려운 사람도 시간 제한 식이 방식을 따를 경우 중간에 포기하지 않고 유연하게 대처할 수 있습니다.

A에게서 힌트를 얻었으니 제가 B에게 '단백질 비중을 늘린 칼로리 제한식'을 추천한 이유를 유추할 수 있는 분들이 계실 겁니다. B는 A와 달리 심한 비만이 아닌 과체중 상태입니다. 또한 58세 여성으로 근감소증의 위험성이 높으며 이미 골다공증을 진단받아 치료 중입니다. 중장년층 여성이 적절한 단백질 섭취 없이 무리한 다이어트를 할 경우 근육량 감소로 인한 근감소증과 골다공증 같은 근골격계 질환의 위험성이 높아집니다. 실제로 폐경 이후 60~90세 여성 중 저단백 식이를 한 그룹과 고단백 식이를 한 그룹을 비교했을 때, 단백질을 적게 섭취한 저단백 식이 그룹의 신체 기능이 떨어지는 결과가 확인되

없습니다.[03] 그리고 B의 경우 한식 위주의 집밥을 주로 먹는다고 하였는데 평소 그녀의 식단은 탄수화물 위주의 식단일 확률이 높습니다. 밥을 주식으로 하는 우리나라의 경우 다른 나라와 비교했을 때 탄수화물 섭취 비율이 높습니다. 특히 나이 들수록 소화 능력이 떨어지고 치아에 문제가 생기면서 고기 단백질의 섭취를 선호하지 않게 된 중장년층 여성의 식단은 단백질 대비 탄수화물 비중이 훨씬 높은 경우가 흔합니다. 단백질 반찬 없이 밥을 국, 찌개에 말아 먹거나 빵, 떡, 국수 같은 탄수화물 간식을 즐겨 먹기 때문입니다. 이런 분은 다이어트를 할 때 전체적인 칼로리는 줄이고 단백질 섭취는 늘리는 방식으로 식단을 변경하는 것이 좋습니다. 평소 식단에서 밥 양은 줄이고 탄수화물 간식은 계란, 저지방 우유, 무가당 두유 같은 단백질로 대체하는 것이지요. 그래야 단백질로 포만감은 장시간 유지하면서 다이어트로 인한 근육 손실 등의 부작용을 막고 기초 대사량 감소로 인한 '요요 현상'의 발생 위험도 줄일 수 있습니다.

---

03  Gregorio L, Brindisi J, Kleppinger A, Sullivan R, Mangano KM, Bihuniak JD, et al. Adequate dietary protein is associated with better physical performance among post-menopausal women 60-90 years. J Nutr Health Aging. 2014;18(2):155-160.

물론 건강한 다이어트를 위해서는 적절한 운동이 병행되어야 하고, 필요하다면 전문가의 처방하에 약물이나 주사의 도움을 받는 것도 좋습니다. 또 상황에 따라 더 적합한 방식으로 변경할 수도 있고요. 예를 들어 '간헐적 단식'이 '간헐적 폭식'으로 변질될까 걱정된다면 전문가의 모니터링을 통해 제대로 식단을 실천하고 있는지 점검하고 필요에 따라 방법을 바꿔야 합니다.

먹는 시간만 제한하는 간헐적 단식의 경우, 정해진 공복 시간 외에는 음식의 종류와 양을 제한하지 않습니다. 그럼에도 불구하고 다수의 연구에서 세 가지 방식의 간헐적 단식 모두 평균 시작 체중에서 3~8% 정도의 체중 감량 효과를 보였습니다. 이는 칼로리를 제한하는 식단을 시행했을 때와 비슷한 결과입니다. 또한 간헐적 단식을 하면 평소 섭취하던 칼로리보다 10~30% 정도 적은 칼로리를 섭취하는 것으로 확인되었습니다. 체중 감량 효과도 이러한 총 섭취 칼로리 감소 효과에 기인한 것으로 추정됩니다. 실제로 하루 6~10시간의 먹는 시간을 가지는 간헐적 단식의 경우 자연스럽게 하루 칼로리 섭취량이 200~500kcal 정도 줄어드는 효과를 확인할 수 있었

습니다.[04]

그런데 만약 A가 '간헐적 단식'보다는 '간헐적 폭식'에 가깝게 먹는다면 어떻게 될까요? 16시간 공복 시간을 지킴에도 불구하고 나머지 8시간 동안 어마어마한 고칼로리, 고지방 음식을 과도하게 섭취해서 하루 총 섭취 열량이 이전보다 크게 늘어난다면 과연 살이 빠질까요? 혈관 건강은 어떻게 될까요? 심지어 공복 시간 외에는 음식의 종류와 양이 상관없다며 술까지 마시는 사람도 있습니다. 그러면서 '내가 해 보니 간헐적 단식 효과 없더라!'라고 말하는 이도 있습니다. 간헐적 단식은 식단의 종류 중 하나일 뿐입니다. 성공적인 다이어트를 위해서는 식단과 운동 방식, 운동 시간을 제외한 신체 활동 및 수면 시간 같은 전반적인 생활 습관의 교정이 필요합니다. 공복 시간만 지킨다고 해서 무조건 살이 빠지는 마술은 없습니다.

결론적으로 모든 사람에게 적합한 완벽한 표준 식단은 결코 존재하지 않습니다. '뭘 먹으면 건강에 그렇게 좋

---

[04] Pavlou V, Cienfuegos S, Lin S, Ezpeleta M, Ready K, Corapi S, et al. Effect of Time-Restricted Eating on Weight Loss in Adults With Type 2 Diabetes: A Randomized Clinical Trial. JAMA Netw Open. 2023;6(10):e2339337.

다더라', '이걸 먹으면 혈당이 완전 잡힌다더라', '이렇게 먹으면 살이 엄청 빠진다더라' 하는 말들이 있지요? 요즘같이 다양한 미디어 매체를 통해 무분별한 정보에 노출되는 상황일수록 만병통치 효과를 갖는 표준 식단에 대한 기대는 접어야 합니다. 대신 여러분 개인에게 맞는 맞춤 식단을 찾는 과정을 시작하시기 바랍니다.

# 지금 당장
# 호흡법을 배워라

수영을 하면 가장 먼저 배우는 것이 바로 호흡법입니다. '음~~~파, 음~~~파' 수영장 물을 마시거나 코로 물이 들어가는 괴로운 상황을 피하려면 호흡하는 법부터 제대로 익혀야 합니다. 요가 같은 운동을 배울 때도 마찬가지입니다. '들이쉬고, 내쉬고, 들이쉬고, 내쉬고' 이렇게 특별한 상황이 아니면 우리는 평소에 자신의 호흡을 의식하는 일이 거의 없습니다. 특별한 질병이 있지 않는 이상 숨 쉬는 일은 태어날 때부터 굳이 의식하지 않아도 자연스럽게 이뤄집니다. 그러다 감기에 걸려서 코가 꽉 막힐

때처럼 숨 쉬기 어려운 순간이 와야 자연스럽게 호흡하는 일이 이렇게 감사한 일이구나 싶죠.

자신의 호흡에 관심을 갖는 것은 참으로 중요한 일입니다. 그래서 하루 5분이라도 다른 생각을 멈추고 나의 호흡에 집중하는 시간을 갖는 '명상'을 추천드립니다. 명상이라고 해서 꼭 가부좌를 틀어야 하거나 특별한 수련을 받은 사람만이 할 수 있는 것이 아닙니다. 여러분도 지금 당장 읽던 책을 내려놓고 실천할 수 있는 것이 명상입니다.

명상의 효과는 이미 과학적으로도 충분히 입증되었습니다. 저처럼 명상으로 인생에서 긍정적인 도움을 받은 사람들의 후기로만 입증된 것이 아닙니다. 다이어트, 암 치료, 불면증과 불안 및 각종 스트레스 완화 등 우리 몸과 마음의 건강에 있어 긍정적인 효과를 보인 연구들이 매우 다양하게 존재합니다. 명상을 하면 식욕이 잘 조절되어서 다이어트에 성공하기 쉬워지고, 암 환자의 치료 성적이 좋아지고, 우울증, 불안 장애, 불면증 같은 정신건강의학과 질환도 호전됩니다. 이렇게 말하면 만병통치약이라며 뭐라도 팔려고 하는 사기꾼 느낌이 나지요? 하지만 명상은 비용을 10원도 들이지 않고 누구나, 어디서나 공짜로 할 수 있습니다. 물론 시간도 돈이니 하루 5분부터 시작해 보셔도 좋습니다.

나중에는 명상의 매력에 푹 빠져서 자의로 시간을 늘릴 가능성이 높지만 처음에는 매일 5분만 투자해 보세요. 현대인이 바쁘다지만 유튜브나 각종 SNS에 얼마나 많은 시간을 소비하고 있나요. 생각 없이 보다 보면 하루 평균 몇 시간씩 허비됩니다. 그 시간 중 5분만 명상에 투자해 보세요. 처음에는 생각처럼 잘되지 않고 이게 과연 효과가 있을까 싶을 테지만 괜찮습니다. 저도 처음 명상을 시작하고 1년 동안은 '계속 잡생각이 들고 제대로 하고 있지도 않은 것 같은데 계속하는 게 의미가 있을까?'라는 의문이 들었지만 뒤돌아보니 그런 과정 속에서도 삶의 다양한 부분에서 명상의 효과를 보고 있었습니다. 명상을 시작한 후로 제 안의 불안을 좀 더 잘 다스릴 수 있게 되었고, 잠도 잘 자게 되었고, 감정 기복도 나아져서 안정적인 마음과 편안한 기분을 누리게 되었습니다. 그럼 이렇게 좋은 명상은 어떻게 하는 것일까요? 그냥 지금 바로 눈을 감은 뒤, 다른 생각은 멈추고 내 호흡에 집중하세요.

"선생님, 그러면 코로 들이쉬고 입으로 내쉬어야 하나요? 숨 쉬는 시간은 얼마나 길어야 하나요? 들이쉬는 숨이 길어야 하나요, 내뱉는 숨이 길어야 하나요? 복식 호흡이 좋다는데 저는 숨을 들이쉬면 가슴이 올라와요. 배가 볼록해져야 하는 건가요?" 제가 하루 5분씩 명상하시라 하면 꼭 이런 질문을 하는 분이 계십니다. 그런데 이런 것은 전혀 중요하지 않습니다. 그냥 '생각을 비우고' 자연스럽게 호흡하세요. 그리고 본인의 호흡에 집중하면 됩니다.

명상은 특별히 호흡을 배워야 하거나 특별한 수련을 받은 사람만 할 수 있는 거라 오해하는 분이 많습니다. 하지만 전혀 그렇지 않습니다. 저도 처음에는 명상을 잘할 수 있는 숨겨진 비법이 존재한다고 믿고 배우러 다니기도 하고 명상 모임도 나가 봤지만, 돌아보면 크게 도움이 되지 않았습니다. 완벽하지 않더라도 그저 하루 5분씩 꾸준히 하는 것이 가장 중요했습니다.

명상을 해 보면 '5분 동안 생각을 비우는 일이 이렇게 어려운 일이었던가'라며 새삼 놀라게 됩니다. 그 짧은 5분도 현재 나의 호흡과 상태에 집중하지 못하고 자꾸만 과거에 벌어졌던 일, 미래에 벌어질 일에 대한 잡념이 떠오르게 됩니다. '어제 마주쳤던 A 표정이 되게 안 좋아 보였는데 나한테 뭐 서운한 일이 있었나?', '어제 B와의 식사 자리에서 괜히 그 얘기를 했나? 자랑한다고 생각하면 어떡하지?', '어제 C는 왜 그런 말을 한거야? 나를 무시하는 거야?', '내일 미팅있는데 D 부장이 또 딴지 걸면 어떻게 받아쳐야 하지? D 부장은 생각만 해도 짜증나네', '머리 자를 때 됐는데 이번 주말에 미용실 예약이 꽉 차면 어쩌지?' 생각을 하지 않으려고 해도 과거에 대한 후회와 미래에 대한 불안으로 지금 이 순간에 집중하는 일이 쉽지 않습니다. 사실 생각을 하지 않으려고 생각하는 것도 생각이지요. 완전히 생각을 비우고 힘들게 일하는 두뇌를 100% 완벽하게 쉬게 해 준다면 제일 좋겠지요. 하지만 완벽하지 않더라도 충분히 의미가 있습니다. '지금, 이 순간' 나의 자연스러운 호흡에 집중하세요. 돈 한 푼 들이지 않고 실천할 수 있는 몸과 마음의 건강 비법입니다.

# 내가 정답이 아닌
# 세상에서 살아간다는 것

"아, 또 틀린 건가? 이 머저리, 멍청이!"

오늘도 남몰래 스스로를 탓하진 않았나요? 나이가 들면서 생각하면 할수록 틀린 말도, 잘못된 결정도 참 많이 했지요. 후회도 많고 아쉬움도 많습니다. 지난 시간 생각하면 살아온 날만큼이나 많은 결정을 내리고 다양한 의견을 마주하며 살아왔습니다. 인생은 매 순간 선택과 결정이고 늘 갈림길에 서 있는 기분이죠. 숱한 경험이 있었는데도 왜 매번 결정은 어렵고, 고집은 점점 더 세지는지 모르겠습니다.

물론 우리가 다른 사람의 의견을 따랐다가 실패한 적도 있고, 내가 결정했다가 성공한 적도 있죠. 실패와 성공의 비율이 어느 정도냐 물어보면 사람마다 다를 겁니다. 어떤 사람은 자신의 성공 확률이 70%라고 말하고, 어떤 사람은 자신의 결정이 옳았던 건 10%도 안 된다고 말합니다. 그리고 대부분의 사람은 반반이라고 대답합니다. 이처럼 다양한 실패와 성공을 겪으며 좌절하기도 하고 성장하기도 했을 텐데요. 무언가 계획대로 되지 않았을 때, 기대에 미치지 못했을 때에 실패와 실패감을 구분하는 것은 안정적인 심리를 유지하는 데에 중요합니다.

실패와 실패감은 비슷해 보이지만, 매우 다른 개념입니다. 실패는 객관적인 사건이나 결과를 나타내는 반면, 실패감은 그 실패에 대한 주관적인 감정적 반응을 의미하죠. 조금 더 자세히 말씀드리면 실패는 단순히 우리가 설정한 목표나 기대를 달성하지 못한 상태입니다. 예를 들어 시험에서 불합격하거나 사업에서 낭패를 보는 것처럼 실패는 우리가 의도한 결과가 나오지 않았을 때 발생하는 객관적인 상황이죠. 사실 실패는 누구나 경험하는 일상적인 사건이고 오히려 도전과 학습 과정에서 자연스럽게 발생하는 일입니다. 낙담을 가져오기도 하고 성공의 어머니가 되기도 하기에 그 자체로 긍정적이거나 부정적인 의미를 지니지 않죠.

반면 실패감은 실패라는 사건에 대한 감정적 반응입니다. 내가 충분히 성취하지 못했다는 느낌, 다른 사람과 비교했을 때 뒤처졌다는 판단에서 오는 마음 상태지요. 실패감은 실패와 달리 단순히 목표를 달성하지 못한 사실에서 오는 것이 아니라, 그 결과 내가 무능력하거나 가치가 없다고 느끼는 감정에서 발생합니다. 때로는 자존감 지하와 연결되고 징기적으로는 우울감이나 불안감을 초래할 수 있죠. 실패감을 느끼는 이유 중 하나는 사회적 비교입니다. 우리는 종종 자신을 타인과 비교하면서 '아, 나는 왜 저 사람처럼 성공하지 못했을까?'와 같은 생각을 하죠. 특히 현대 사회의 끝나지 않는 경쟁 속에서 자신의 위치를 계속 평가하다 보면 뒤처진다는 느낌이 자주 듭니다. 이럴 때 실패감이 누적되면서 덩치를 키우고 감정 상태를 장악하기도 합니다.

심리학에서는 실패와 실패감의 차이를 매우 중요하게 봅니다. 실패 자체는 자연스러운 경험이며 이를 통해 배울 수 있지만, 실패감을 지나치게 느끼면 감정에 사로잡혀 새로운 도전이나 기회를 포기하기도 합니다. 그래서 실패감을 심리학에서는 자기 효능감 self-efficacy과 짝으로 다룹니다. 자기 효능감이 높은 사람은 실패를 단순한 과정으로 보고 다시 도전할 의지를 갖지만, 자기 효능감이 낮은 사람은 실패감을 크게 느끼며 좌절하게 됩니다.

조금 어려운 얘기를 하자면 심리학에서 실패감은 인지 부조화 이론 cognitive dissonance 으로 설명합니다. 인지 부조화 이론에 의하면 사람은 자신의 신념과 행동 사이에 모순이 있을 때 불편함을 느끼고, 이를 빨리 해소하려 합니다. 예를 들어 건강에 해로운 음식을 먹으면서도 건강에 신경 쓰고 있다고 주장하는 사람은 인지 부조화를 경험합니다. 그리고 불편함을 줄이기 위해 자신의 행동이나 태도를 합리화하거나 아예 한쪽으로 치우쳐 생각하며 무작정 옳다고 믿어 버리고 우기기도 하지요.

또 다른 예를 들어 보자면 자신이 능력 있는 사람이라고 믿고 있다가 사업 실패를 경험하면 심리적 불편함과 불안감을 느낍니다. 그리고 이를 해결하기 위해 자신의 능력을 과소평가하면서 내가 능력이 이것밖에 안 돼서 그

랬던 거라고 자책하거나, 당시 해당 분야가 다 불황이었다고 변명할 수도 있죠. 그런데 이 과정에서 뭔가 도무지 말이 안 된다고 느끼면 자존감과 자기 효능감이 손상되면서 도전 의지 자체가 약해질 수 있습니다.

실패감은 자신의 신념이나 판단이 옳다고 믿는 경향이 강하게 작용하는데, 이는 사람이 지닌 자연스러운 심리적 특성입니다. 하지만 때때로 내가 틀릴 수도 있다는 사실을 받아들이는 것도 중요합니다. 자신이 틀릴 수도 있다는 태도는 의사 결정이나 인간관계 뿐만 아니라 심리적 성장에도 몹시 중요합니다.

요즘 확증 편향 confirmation bias 이란 말 많이 들어 보셨지요? 이걸 쉽게 말하자면 '내가 옳다는 믿음의 덫'입니다. 본래 확증 편향은 자신의 신념이나 견해를 뒷받침하는 정보만을 선택적으로 수용하고, 반대되는 정보는 무시하거나 간과하는 경향을 말합니다. 나에게 유리하거나 내가 보고 싶은 것만 본다는 것이죠. 이렇게 하는 이유는 인간이 정보를 처리할 때 인지적 부담을 줄이고 심리적 안정감을 얻고 싶어 하기 때문입니다. 문제는 때때로 확증 편향이 객관적인 판단을 방해하고 잘못된 결정을 내리게 할 수 있다는 겁니다. 예를 들면 정치적, 사회적 논쟁에서 각 집단이 자신의 신념에 맞는 정보만을 받아들이고 반대되는 의견을 무시할 때, 집단 간 갈등이 격화될 수 있습니다. 이런 상황에는 판단력도 흐려지고 잘못된 정보가 유포될 수 있죠. 이런 걸 보면 참 신념이 무섭다는 생각이 듭니다. 그렇다면 확증 편향에 빠지지 않기 위해서는 어떻게 해야 할까요?

첫째, 비판적 사고를 훈련하는 것이 중요합니다. 자신의 신념을 비판적으로 검토하고 다양한 관점에서 탐색하는 연습을 해야 합니다. 다른 사람의 의견도 들어 보고, 자신의 주장에 서로 양립할 수 없는 두 개 이상의 생각은 없는지, 내 의견이 다른 사람에게도 설득력이 있는지 살펴야겠죠.

둘째, 반대 의견을 수용하는 태도를 가져야 합니다. 이게 정말 어렵죠. 자신의 의견과 다른 정보를 의도적으로 찾고, 이를 공정하게 평가함으로써 더 균형 잡힌 시각을 가질 수 있습니다.

마지막으로 다양한 출처의 정보를 활용하고 피드백을

구해야 합니다. 직접 책도 찾아 보고 검수도 받는 거지요. 특히 다양한 사람과 토론을 해 보면 내가 가진 생각의 한계를 극복하고 다른 사람에게서 창조적인 아이디어를 얻으며 생각을 보완하게 됩니다.

자신을 돌아보고 객관화하면서 유연한 사고와 개방적인 태도를 갖는 게 참으로 중요합니다. '내가 틀릴 수도 있다'라는 생각은 인지 부조화나 확증 편향을 극복하는 데 매우 중요한 역할을 합니다. 틀림을 인정하는 것이 심리적으로는 큰 이익이 될 수도 있습니다. 자신이 틀릴 수 있다는 가능성을 받아들이면 다양한 관점을 고려하게 되고, 더 나은 결정을 내릴 수 있게 되겠죠. 또한 자신에 대한 과도한 방어 기제를 줄이고 타인의 의견에 귀 기울이는 자세로 이어질 겁니다. 틀림을 인정하는 것이 자존감에 부정적인 영향을 미칠 것이라고 생각할 수 있지만 오히려 그 반대일 수 있습니다. 실패감을 이기고 자기 효능감이라는 심리적 회복력을 강화하는 데는 확실히 도움이 되니까요.

앞서 한 가지 영역에서 실패해도 다른 영역에서 긍정적

인 자아상을 유지한다면 전반적인 자존감이 크게 흔들리지 않는다고 말씀드렸지요? 이와 연관지어 생각해 본다면 한 가지 영역에서 내가 틀렸더라도 다른 영역에서 긍정적인 성취를 얻고 있다면 자존감이 크게 흔들리지 않을 겁니다. 오히려 다른 영역들의 성취도 돌아보며 더 나은 방향으로 나아갈 수 있는 기회가 되겠지요. 그러니 우리도 한번 입으로 말해 봅시다. '그래, 내가 틀릴 수도 있겠다'

# 슬픔을 알아야
# 기쁨도 알 수 있다

인간은 참 희한해서 상처로 신음하는 동시에 상처로 성장합니다. 자신의 상처가 치유의 원천이 될 수 있으니 상처 입었다고 상처만 쳐다보고 있지 마세요. 상처가 아물지 않고 그대로 남는 경우는 거의 없습니다. 대부분 회복되거나 흉터로 남지요. 흉터도 수술 자국처럼 큰 게 아니라면 대부분 시간이 지나면서 살과 혼연일체가 되어 흐릿해지다 결국 사라집니다. 가끔씩 상처가 났던 자리가 아플 때도 있지만 상처가 처음 났을 때만큼은 아니죠.

심심할 때마다 상처를 끄집어내서 혼자 신음하는 분은

상처를 퇴행의 자본으로 쓰는 겁니다. 그때로 되돌아가서 미성숙이라는 뫼비우스의 띠 위를 계속 걷는 거지요. 선택하세요. 상처를 후벼 파서 새로운 상처를 만들 건지, 아니면 상처를 아물게 두고 앞으로 나아갈 것인지 말입니다. 상처를 어떻게 대하느냐에 따라 우리는 성장하거나 퇴행하게 됩니다.

그리고 지금, 아물지 않은 상처를 가진 분도 계시지요? 살이 벌어져 피가 흐르고 있는데 그걸 쳐다보면서 울기만 하면 달라지는 건 아무것도 없습니다. 어떻게 치료해야 하는지, 병원은 어디에 있는지, 아는 이에게 도움도 청하면서 치유적 행동을 시작해야지요. 치유는 마음으로부터 시작된다고들 합니다만 저는 그렇게 생각하지 않습니다. 치유는 치유적 행동에서 시작된다고 봅니다. 치유는 움직이는 자에게 찾아옵니다. 나를 치유해 줄 무언가를 찾아 나서는 이는 자기 치유 능력을 가진 사람입니다. 자기 치유 능력을 가지고 있다고 하면 마치 대단한 사람인 듯 하지만 '상처 입은 치유자'라고 하면 좀 달리 들릴 것 같습니다.

흔히 상처를 부끄러워하거나 숨기고 싶어 합니다. 그런

데 헨리 나우웬은 상처를 받은 사람만이 다른 사람의 상처를 제대로 볼 수 있다고 말합니다. 참 멋진 말 아닌가요? 우리가 겪은 아픔과 슬픔이 단순히 고통으로 끝나는 게 아니라 다른 사람을 이해하고 돕는 힘이 될 수 있다는 겁니다.

예를 들어 봅시다. 아무도 모르는 나만의 상처가 있다고 가정할게요. 그 상처는 분명 아팠고 때로는 현재의 삶에도 영향을 미칩니다. 하지만 그 경험이 있었기에 비슷한 아픔을 겪는 사람들에게 공감할 수 있죠. 완전히 같지는 않아도 나도 그런 경험이 있다고 말하며 손을 내밀어 줄 수 있는 사람이 되는 겁니다. 고통이 지나간 자리는 누군가에게 위로의 공간이 될 수 있습니다. 그런 의미에서 치유적 어른은 자기를 살필 줄 알고, 고통 속에서도 일어나는 힘을 가지고 있는 사람입니다. 저는 누군가에게 힘이 되고자 하는 사람이라면 그게 누구든 그 사람을 '치유적 어른'이라고 기꺼이 말할 겁니다. 인간은 불완전함 속에서 완전함을 이루는 존재니까요. 치유적 어른은 완벽한 사람도, 고통을 초월한 사람도 아닙니다. 오히려 자신의 부족함과 상처를 인정하고 나아가 다른 사람과 연결되는 사람이죠. 이런 사람은 자기 자신도 돌보는 동시에 타인의 아픔에도 귀 기울일 줄 압니다. 고통을 한 손에 쥐고 다른 한 손으로 다른 이를 위로하는 사람인 것이죠.

여기서 놓치면 안 되는 것은 자신의 상처를 먼저 돌보는 것입니다. 아직 아물지 않은 상처를 방치한 채 다른 사람을 돕다 보면 오히려 더 큰 혼란에 빠질 수 있습니다. 어린 시절의 트라우마를 제대로 치유하지 못한 상태에서 비슷한 이야기를 듣게 되면, 그 감정이 다시 떠오르며 더 큰 고통을 느끼게 되는 것처럼요. 그래서 치유적 어른이 되기 위해서는 스스로를 충분히 돌보고 이해하는 것이 먼저입니다. 자신의 상처를 직면하고 그것을 받아들이는 과정이 필요하죠. 치유적 어른을 다른 말로 하면 잘 울어 본 사람입니다. 울어 본 자가 우는 자를 볼 수 있고, 잘 울었던 사람이 눈물 다음에 오는 기쁨을 기꺼이 맞이할 수 있지요. 치유적 어른이 되기 위해서 내 안에 어떤 감정이 있는지 솔직하게 바라봐야 합니다. 때로는 낯설고 부끄럽지만 방 정리를 하듯이 슬픔, 분노, 외로움 등 다양한 감정을 억누르지 말고 그대로 느껴 보는 거예요. "내가 왜 이렇게 화가 났지?", "왜 이렇게 슬플까?", "나는 왜 이렇게 자주 넘어지지?" 하고 스스로에게 물어보세요. 그리고 그 과정에서 나만의 치유의 도구를 찾아보세요. 사람은 자신에게 맞는 셀프 치유 기술을 가지고 있습니다. 혹시 없다면 탐색해 보면서 내게 맞는 옷을 찾듯 자신에게 맞는 위로 방법을 찾아보면 됩니다. 흔한 방법이지만 성찰 일기와 같은 글쓰기, 전문가에게 상담받고 분석하기, 자신만의 평화 공간 만들기, 명상 등과 같은 활동을 시작해 보세요. 선택한 치유적 행동으로 자신의 내면을 들여다보면 자기 돌봄에 큰 도움이 될 겁니다. 특히 과거의 상처에 대해 글로 써 보는 것을 추천합니다. 헨리 나우웬의 말처럼 자신의 고통을 언어화하는 과정에서 치유가 시작되니까요.

그렇다고 해서 혼자 모든 걸 해결하려고 하지는 마세요. 비슷한 경험을 가진 사람들과 이야기를 나누거나, 신뢰할 수 있는 친구나 멘토와 감정을 공유하는 것도 중요합니다. 우리는 기쁨의 고리뿐 아니라 슬픔과 고통의 고리로 연결될 때에도 강해지니까요. 그다음, 타인의 아픔에 공감하기 위한 걸음을 떼어 보는 겁니다. 자신의 상처를 통해 타인을 이해할 수 있게 되면 자연스럽게 그들에게 손을 내밀게 됩니다. 여기서 중요한 건 상대방의 문제를 대신 해결하려고 하지 않는 거예요. 우리는 단지 그들의 곁에 있어 주고, 그들이 스스로 치유할 수 있도록 돕는 역할만 하면 됩니다. 해결사가 아닌 상담자로서 산다는 건 그들과 함께 길을 걸어가는 과정임을 기억하면 좋을 듯합니다.

살다 보면 누구나 크고 작은 상처를 입습니다. 하지만 그 상처가 우리 삶의 끝은 아닙니다. 오히려 우리가 더 성숙한 인간으로 성장할 기회가 될 수도 있죠. 그리고 그 과정에서 우리는 단순히 '살아남는' 것을 넘어 다른 사람에게 희망과 위로를 줄 수 있는 존재가 될 수도 있습니다.

기억합시다. 치유적 어른으로 살아간다는 건 완벽해지는 게 아니라 불완전함 속에서도 서로 기대며 살아가는 법을 배우는 겁니다. 우리 모두 그런 사람이 될 수 있어요. 바로 우리의 선택이니까요. 그런 삶을 상상해 보세요. 아름답지요? 그때부터 우리는 제대로, 맘껏 웃게 될 겁니다.

# 막춤을 춰도
# 나만의 춤을 춰라

"야, 너 요즘 잘 지내?"

"그냥저냥 그렇지, 뭐. 근데 요즘 들어 생각이 많아진다? 이렇게 사는 게 맞는 건지, 내가 진짜 내 인생을 살고 있는 건지 그런 생각이 많이 들어."

이런 대화, 한 번쯤 해 보셨죠? 나이 들면서 이런 고민이 점점 더 깊어지고, 정말 친한 친구들을 만나 속내를 털어놓다 보면 이런 이야기를 하게 되죠. 아등바등 달리기하듯 사회적 책임과 의무를 다하며 지금까지 살아왔지만, 문득 돌아보면 '내가 진짜 원하는 삶은 뭐였지?'라는 질문이 떠오르면서 갑자기 멍해지는 기분, 아시지요?

니코스 카잔차키스$^{\text{Nikos Kazantzakis}}$의 《그리스인 조르바》를 읽어 보셨나요? 한때 베스트셀러였을 만큼 많은 사랑을 받은 이 책의 주인공은 자유로운 영혼을 가진 '조르바'라는 사람입니다. 조르바는 요즘 말로 '욜로족'처럼 보입니다. 그는 지금 이 순간의 삶에 충실해야 한다고 말하며, 과거에 얽매이거나 미래를 두려워하지 않지요. 심지어 일이 망해도 술 한잔과 춤 한 자락 그리고 웃음이면 평화로워집니다. 조르바의 삶은 하나의 메시지입니다. 남들의 시선이나 사회적 규범에 얽매이지 말고 자신만의 리듬으로 살아가라는 겁니다. 나만의 인생 시계를 바탕으로 인생을 계획하고, 나의 기쁨을 기꺼이 선택하세요. 지금까지는 가족, 직장, 사회의 기대에 맞춰 살아왔다면 이제는 '나만의 춤'을 출 때입니다.

유쾌한 이들이 조르바의 목소리를 낸다면 조용하고 신중한 분들은 빅터 프랭클$^{\text{Viktor Emil Frankl}}$의 목소리를 빌려올 수 있습니다. 빅터 프랭클은 고통 속에서도 삶의 의미를 찾는 사람이니까요. 생각해 보면 우리의 모든 게 항상 즐거울 수만은 없습니다. 기쁠 수만은 없는 삶의 파도 속에서 어떻게 살아갈 것인가에 대한 힌트는 《죽음의 수용소에서》를 통해 찾을 수 있습니다. 빅터 프랭클은 나치 강제 수용소라는 극한 상황과 매일 닥치는 죽음의 순간 속에서도 삶의 의미를 찾을 수 있다고 말했습니다. 또한 그에게서 모든 것을 빼앗더라도, 주어진 환경에서 자신의 태도를 선택할 자유만큼은 빼앗을 수 없다고 말하며 자유에 대한 의지를 밝혔습니다.

삶의 고통 속에서도 스스로 삶의 의미를 부여하는 것이 바로 인간의 가장 큰 힘이자 인간됨입니다. 죽을 만큼은 아닐지라도 중년기에 느끼는 불안과 회의감은 순간순간 침범합니다. '이 나이 먹도록 나는 뭘 했나?', '앞으로 뭘 해야 하나?'라는 생각 속에서 상상만 해도 두려워지는 고민들이 마구 떠오릅니다. 중요한 건 이런 감정의 혼란 속에서 '내가 진짜로 원하는 것'을 찾아가는 겁니다.

여기서 '심리적 독립'이라는 중요한 개념 하나를 짚고 넘어가려 합니다. 심리적 독립이란 타인의 기대에서 벗어나 자신만의 가치관과 삶을 만드는 것을 말합니다. 심리적 탯줄을 끊는다는 표현은 많이 들어 보셨을 텐데요. 대개 부모가 자식의 완전한 독립을 위해 이를 악물고 자녀를 정서적으로나 경제적으로 밀어내는 과정을 말합니다. 이 과정에서 자녀가 부모로부터 심리적으로 독립을 하는 것이지요.

사람은 살면서 다양한 관계에 의지하게 됩니다. 하지만 그 과정에서 나의 삶을 꾸려 나가는 데 한계를 느끼게 되고, '나의 삶'을 위해 심리적 독립을 시도하게 됩니다. 사람들은 중년이 인생의 전환점이라고 합니다. 그리고 전환점에는 늘 위기가 있지요. 퇴직을 하고 나면 앞으로 어떻게 살아야 하나 새로운 길 앞에서 혼란스럽기도 하고 아이들이 독립하면 외로움을 느끼기도 합니다. 이러한 변화 속에서 자신에게 집중하는 것도 쉽지 않습니다.

많은 이가 어릴 때부터 부모님이나 사회가 정해 준 길을 따라 안정적인 직업, 결혼과 가정까지 모두 이루지만, 문득 "이게 정말 내가 원했던 삶인가?"라는 질문을 떠올립니다. 부모, 배우자, 자식을 위해 살고, 다른 사람의 눈치를 보며 다리 한번 제대로 뻗어 보지 못하고 살아왔으니, 어쩌면 우리는 성인으로 '독립'은 했어도 인생에서 '만세'는 부르지 못한 셈입니다. 그러니 이제는 부모나 타인의 목소리가 아니라 자신의 목소리에 귀 기울이며 살아가 보자는 겁니다.

그럼 어떻게 해야 조르바처럼 자유롭고 프랭클처럼 의미 있는 삶을 살 수 있을까요? 몇 가지 팁을 드릴게요. 먼저, 현재에 집중해야 합니다. 과거를 후회하거나 미래를 걱정하기보다 지금 이 순간에 충실하세요. 이 나이에 갑자기 지금에 충실하라니 어찌해야 할지 혼란스럽고, 구체적인 가이드가 필요하지요? 일단 작은 즐거움을 찾아보세요. 어느 분이 말씀하시더군요. 작은 즐거움을 찾아 누리는 것이 인생의 핵심이라고요. 인류의 목표 설정은 대단한 사람들에게 맡기고, 소소한 우리는 거다란 목표나 성취가 아니더라도 일상의 사소한 기쁨들을 발견하며 즐겨 보자는 겁니다.

두 번째로, 타인의 시선에서 자유로워지는 겁니다. 공자는 마흔이면 세상 일에 쉽게 혹하지 않는 불혹 不惑이고, 오십이면 하늘의 뜻을 안다는 지천명 知天命, 육십이면 귀가 순해져 모든 것을 조화롭게 받아들이는 이순 耳順이라지요. 이 말인즉 이제는 남들이 뭐라고 하든 신경 쓰지 않아도 되는 때가 되었다는 겁니다. 막춤이라도 내 춤이면 되는 거죠!

우리 모두가 자유인임을, 나를 환대해야 한다는 걸 알고 있다면 이제 살면서 겪은 상처의 흔적을 안고서도 치유자 역할을 시작할 수 있습니다. 생각만 해도 마음이 웅장해지지요? 음치도 노래할 수 있고 박치도 장단을 맞출 수 있습니다. 모두가 흥겨운 곳에서 음치도 박치도 응원에 동참할 수 있고, 잔치에서 내 춤을 출 수 있지요. 막춤을 추더라도 내 춤을 추어야 합니다. 시선 지옥에서 벗어나 소박해도 나만의 멋이 있음을 꼭 발견하기 바랍니다.

중년은 매일이 새로운 시작점이죠. 이제는 남들의 기대나 시선에 얽매이지 않고 진짜 '나'로 살아갈 때예요. 조르바처럼 막춤이라도 내 춤을 추고, 프랭클처럼 고통 속에서도 의미를 찾으며, 심리적 독립을 통해 나만의 길을 걸어 보세요.

그러니 오늘부터라도 이렇게 외쳐 볼까요?
"막춤이어도 괜찮아! 내 춤이면 충분해!"

몸은 가볍게, 마음은 즐겁게 살고 싶은 중장년을 위한 유쾌하고 건강한 삶의 지침서
# 이제 나는 명랑하게 살기로 했다

초판 1쇄 발행 2025년 6월 30일
초판 3쇄 발행 2025년 10월 10일

**지은이** 이호선 · 김사랑
**펴낸이** 민혜영
**펴낸곳** 오아시스
**주소** 서울특별시 마포구 월드컵로14길 56, 3~5층
**전화** 02-303-5580 | **팩스** 02-2179-8768
**홈페이지** www.cassiopeiabook.com | **전자우편** editor@cassiopeiabook.com
**출판등록** 2012년 12월 27일 제2014-000277호

ⓒ이호선 · 김사랑, 2025
**ISBN** 979-11-6827-331-3  03190

이 책은 저작권법에 따라 보호받는 저작물이므로 무단 전재와 무단 복제를 금지하며, 이 책의 전부 또는 일부를 이용하려면 반드시 저작권자와 (주)카시오페아 출판사의 서면 동의를 받아야 합니다.

- 오아시스는 (주)카시오페아 출판사의 인문교양 브랜드입니다.
- 잘못된 책은 구입하신 곳에서 바꿔 드립니다.
- 책값은 뒤표지에 있습니다.